# HIPPOCRENE HANDY DICTIONARIES

8/29/24

## Italian

camicie shirts

Io means I in italiano
Ho means I have — economico cheap
Io sono felice
Non ho capito — I don't understand
Signora
il treno
a tier prep a

Lo - is used before masculine nouns
LO ZAINO

the il al
ti there
every - ogni
i / che (it the)
di - I need hats
gli
on sale in offerta

gonne skirts
are plural + feminine Le
le ragazze
Ah - Oh
Nera black
NERA
Costano - are cost

## HIPPOCRENE HANDY DICTIONARIES

*For the traveler of independent spirit and curious mind, this practical series will help you to communicate, not just get by. Easier to use than a dictionary, the comprehensive listing of words and phrases is arranged alphabetically by key word. More versatile than a phrasebook, words frequently met in stores, on signs, or needed for standard replies, are conveniently presented by subject.*

**ARABIC**
*ISBN 0-87052-960-9*

**CHINESE**
*ISBN 0-87052-050-4*

**DUTCH**
*ISBN 0-87052-049-0*

**FRENCH**
*ISBN 0-7818-0010-2*

**GERMAN**
*ISBN 0-7818-0014-5*

**GREEK**
*ISBN 0-87052-961-7*

**ITALIAN**
*ISBN 0-7818-0011-0*

**JAPANESE**
*ISBN 0-87052-962-5*

**KOREAN**
*ISBN 0-7818-0082-X*

**PORTUGUESE**
*ISBN 0-87052-053-9*

**RUSSIAN**
*ISBN 0-7818-0013-7*

**SERBO-CROATIAN**
*ISBN 0-87052-051-2*

**SLOVAK**
*ISBN 0-7818-0101-1*

**SPANISH**
*ISBN 0-7818-0012-9*

**SWEDISH**
*ISBN 0-87052-054-7*

**THAI**
*ISBN 0-87052-963-3*

**TURKISH**
*ISBN 0-87052-982-X*

Books may be ordered directly from the publisher. Each book costs $6.95. Send the total amount plus $3.50 for
Hippocrene Books, Inc.
171 Madison Avenue
New York, NY 10016.

# HIPPOCRENE HANDY DICTIONARIES

# Italian

compiled by
## LEXUS
with

Michela Clari, Giovanna Ferraguti,
Karen McAulay and Peter Terrell

**HIPPOCRENE BOOKS**
*New York*

Copyright © 1987 by Lexus Ltd.

All rights reserved. No part of this book may be reproduced in any form without permission from the publisher except for the quotation of brief passages in criticism.

Published in the United States of America in 1992 by HIPPOCRENE BOOKS, INC., New York, by arrangement with Routledge, London

For information, address:
HIPPOCRENE BOOKS, INC.
171 Madison Ave.
New York, NY 10016

ISBN 0-7818-0011-0

# Contents

| | |
|---|---:|
| Pronunciation Guide | vi |
| English-Italian | 1 |
| Italian-English | 76 |
| Reference Grammar | 102 |

## ITALIAN PRONUNCIATION

Because you are likely to want to speak most of the Italian given in this book, rather than just to understand its meaning, an indication of the pronunciation has been given in square brackets. If you pronounce this as though it were English, the result will be clearly comprehensible to an Italian person.

In some cases, however, we have decided that it was not necessary to give the entire pronunciation for a word or phrase. This may be because it would more or less duplicate the ordinary Italian spelling, or because the pronunciation of a particular word or words has already been given within the same entry. In these cases we have simply shown how to pronounce the problematic parts of the word or phrase.

Some comments on the pronunciation system used:

### VOWELS
| | |
|---|---|
| ai | as in 'fair' |
| ay | as in 'day' |
| e | as in 'jet' |
| oo | as in 'soon' |
| ow | as in 'crown' |

### CONSONANTS
| | |
|---|---|
| gh | as in 'ghost' or 'ghastly' |
| j | as in 'January' or 'joke' |

Note that when an Italian word has a double consonant — as in 'panna' or 'letto' — it is important to actually pronounce both of these consonants separately (unlike in English). Draw the word out slightly and say 'pan-na'. An 'i' in Italian is pronounced as in 'Maria' or 'pizza'.

Where the print for a letter or two letters is given in bold type this means that this part of the word should be stressed. It is very important to get the stress right when speaking Italian.

# English – Italian

# A

**a, an** uno, una *[oono, oona]*; **9000 lire a bottle** 9000 lire la bottiglia; *see page 105*
**about: about 25** circa 25 *[cheerka]*; **see you about 6 o'clock** ci vediamo verso le 6 *[chee vayd-yamo vairso lay say]*; **is the manager about?** c'è il direttore in giro? *[chay eel deeret-toray een jeero]*; **I was just about to leave** stavo proprio per andarmene *[pair andarmaynay]*; **how about a drink?** beviamo qualcosa? *[bayv-yamo kwalkoza]*
**above** sopra; **above the village** sopra il villaggio
**abroad** all'estero *[al-lestairo]*
**abscess** un ascesso *[ashes-so]*
**absolutely: it's absolutely perfect** è assolutamente perfetto *[ay as-solootamentay pairfet-to]*; **you're absolutely right** hai perfettamente ragione *[a-ee pairfet-tamentay rajonay]*; **absolutely!** assolutamente!
**absorbent cotton** il cotone idrofilo *[kotonay]*
**accelerator** l'acceleratore *[achelairatoray]*
**accept** accettare *[achet-taray]*
**accident** un incidente *[eencheedentay]*; **there's been an accident** c'è stato un incidente *[chay]*; **sorry, it was an accident** mi dispiace, è stato un incidente *[deespee-achay ay]*
**accommodation(s)** un alloggio *[al-loj-jo]*; **we need accommodation(s) for four** cerchiamo alloggio per quattro persone *[chairk-yamo ... pair kwat-tro pairsonay]*
**accurate** accurato *[ak-koorato]*
**ache: I have an ache here** ho un dolore qui *[o oon doloray kwee]*; **it aches** fa male *[malay]*
**across: across the street** dall'altra parte della strada *[partay]*
**actor** un attore *[at-toray]*

**actress** un'attrice *[at-treechay]*
**adapter** un riduttore *[reedoot-toray]*
**address** l'indirizzo *[eendeereetzo]*; **what's your address?** qual'è il suo indirizzo? *[kwalay eel soo-o]*
**address book** una rubrica *[roo—]*
**admission: how much is admission?** quanto costa il biglietto d'ingresso? *[kwanto ... beel-yet-to]*
**adore: I adore ...** adoro ...
**adult** un adulto *[adoolto]*
**advance: I'll pay in advance** pagherò in anticipo *[pagairo een anteecheepo]*
**advertisement** la pubblicità *[poob-bleecheeta]*
**advise: what would you advise?** cosa consigliate? *[konseel-yatay]*
**aeroplane** l'aeroplano *[a-airoplano]*
**affluent** ricco
**afraid: I'm afraid of heights** soffro di vertigini *[vairteejeenee]*; **don't be afraid** non aver paura *[non avair pa-oora]*; **I'm not afraid** non ho paura *[o]*; **I'm afraid I can't help you** temo di non poterla aiutare *[taymo dee non potairla a-yootaray]*; **I'm afraid so** temo di sì; **I'm afraid not** temo di no
**after: after you** dopo di lei *[lay]*; **after 9 o'clock** dopo le nove *[lay]*; **not until after 9 o'clock** non prima delle nove *[del-lay]*
**afternoon** il pomeriggio *[pomaireej-jo]*; **in the afternoon** nel pomeriggio; **good afternoon** buon pomeriggio *[bwon]*; **this afternoon** questo pomeriggio *[kwesto]*
**aftershave** il dopobarba
**after sun cream** la crema doposole *[—solay]*
**afterwards** dopo
**again** di nuovo *[dee nwovo]*
**against** contro
**age** l'età *[ayta]*; **under age** minorenne *[meenoren-nay]*; **not at my age!** alla mia

**agency**          2          **angry**

età! *[mee-a ayta]*; **it takes ages** ci vuole un sacco di tempo *[chee vwolay]*; **I haven't been here for ages** erano secoli che non venivo qui *[airano sekolee kay non vayneevo kwee]*
**agency** un'agenzia *[ajentzee-a]*
**aggressive** aggressivo *[ag-gres-seevo]*
**ago: a year ago** un anno fa; **it wasn't long ago** non tanto tempo fa
**agony: it's agony** è un vero supplizio *[ay oon vairo soop-pleetz-yo]*
**agree: do you agree?** sei d'accordo *[say]*; **I agree** sono d'accordo; **fish doesn't agree with me** il pesce mi rimane sullo stomaco *[peshay mee reemanay sool-lo]*
**AIDS** l'aids *[a-eeds]*
**air** l'aria; **by air** per via aerea *[pair vee-a a-airay-a]*
**air-conditioning** il condizionamento dell'aria *[kondeetz-yonamento]*
**air hostess** una hostess
**airmail: by airmail** posta aerea *[a-airay-a]*
**airmail envelope** una busta per posta aerea *[boosta pair ... a-airay-a]*
**airplane** l'aeroplano *[a-airoplano]*
**airport** l'aeroporto *[a-airoporto]*
**airport bus** l'autobus dell'aeroporto *[lowtoboos del a-airoporto]*
**airport tax** la tassa aeroportuale *[a-airoportoo-alay]*
**alarm** l'allarme *[al-larmay]*
**alarm clock** la sveglia *[zvayl-ya]*
**alcohol** l'alcool *[alkol]*
**alcoholic: is it alcoholic?** è alcolico? *[ay alkoleeko]*
**Algeria** l'Algeria *[aljairee-a]*
**alive** vivo; **is he still alive?** è ancora vivo?
**all: all the hotels** tutti gli alberghi *[toot-tee l-yee albairghee]*; **all my girl friends** tutte le mie amiche *[toot-tay lay mee-ay ameekay]*; **all my money** tutti i miei soldi *[mee-ay-ee soldee]*; **all of it** tutto *[toot-to]*; **all of them** tutti; **all right** d'accordo; **I'm all right** sto bene *[benay]*; **that's all** è tutto *[ay]*; **it's all changed** tutto è cambiato *[ay kamb-yato]*; **thank you — not at all** grazie — di niente *[n-yentay]*
**allergic: I'm allergic to ...** sono allergico a ... *[al-lairjeeko]*
**allergy** un'allergia *[al-lairjee-a]*
**all-inclusive** tutto compreso *[too-to komprayzo]*
**allowed** permesso *[pairmes-so]*; **is it allowed?** è permesso? *[ay]*; **I'm not allowed to eat salt** non posso mangiare sale *[manjaray salay]*
**almost** quasi *[kwazee]*
**alone** solo; **are you alone?** sei solo? *[say]*; **leave me alone** lasciami in pace *[lashamee een pachay]*
**Alps** gli Alpi
**already** già *[ja]*
**also** anche *[ankay]*
**alteration** una modifica *[modeefeeka]*
**alternative: is there an alternative?** c'è un'alternativa? *[chay oon al-tairnateeva]*; **we had no alternative** non avevamo alternative *[non avayvamo —vay]*
**alternator** un alternatore *[al-tairnatoray]*
**although** sebbene *[sayb-benay]*
**altogether** nel complesso; **what does that come to altogether?** quanto viene in tutto? *[kwanto v-yenay een toot-to]*
**always** sempre *[sempray]*
**a.m.: at 8 a.m.** alle 8 del mattino *[al-lay]*
**amazing** (*surprising*) sbalorditivo *[zbalordeeteevo]*; (*very good*) eccezionale *[echetz-yonalay]*
**ambassador** l'ambasciatore *[ambashatoray]*
**ambulance** l'ambulanza *[amboolantza]*; **get an ambulance!** chiamate un'ambulanza! *[k-yamatay]*
**America** l'America *[amaireeka]*
**American** americano *[amaireekano]*
**American plan** la pensione completa *[pens-yonay]*
**among** tra
**amp: a 13-amp fuse** un fusibile da 13 ampère *[foozeebeelay da 13 ampair]*
**ampitheatre, ampitheater** l'anfiteatro *[—tay-atro]*
**an(a)esthetic** un anestetico *[anesteteeko]*
**ancestor** un antenato *[antaynato]*
**anchor** l'ancora
**anchovies** le acciughe *[achoogay]*
**ancient** antico
**Ancient Rome** l'antica Roma
**and** e *[ay]*
**angina** l'angina pectoris *[anjeena]*
**angry** arrabbiato *[ar-rab-yato]*; **I'm very angry about it** tutto ciò mi ha fatto veramente arrabbiare *[toot-to cho mee a fat-to vairamentay ar-rab-yaray]*; **please**

**animal**     3     **arrive**

**don't be angry** ti prego di non essere in collera [es-sairay een kol-laira]
**animal** un animale [aneemalay]
**ankle** la caviglia [kaveel-ya]
**anniversary: it's our (wedding) anniversary today** oggi è il nostro anniversario di matrimonio [oj-jee ay ... anneevairsario]
**annoy: he's annoying me** mi sta importunando [eemportoonando]; **it's so annoying** è così seccante [ay kozee sekkantay]
**anorak** la giacca a vento [jak-ka]
**another: can we have another room?** potremmo avere un'altra stanza? [potraym-mo avairay oon ... stantza]; **another bottle, please** ancora una bottiglia, per favore [pair favoray]
**answer: there was no answer** non ha risposto nessuno [non a .. nays-soono]; **what was his answer?** qual'è stata la sua risposta? [kwalay ... soo-a]
**ant: ants** le formiche [formeekay]
**antibiotics** antibiotici [anteebee-oteechee]
**anticlimax** una delusione [dayloozyonay]
**antifreeze** l'antigelo [anteejelo]
**anti-histamine** un antistaminico
**antique: is it an antique?** è un pezzo d'antiquariato? [ay oon petzo danteekwar-yato]
**antique shop** un negozio di antiquario [naygotz-yo dee anteekwario]
**antisocial: don't be antisocial** non fare l'asociale [non faray lasochalay]
**any: have you got any rolls/milk?** avete panini/latte? [avaytay ... lat-tay]; **I haven't got any** non ne ho [non nay o]
**anybody** qualcuno [kwalkoono]; **can anybody help me?** può aiutarmi qualcuno? [pwo a-yootarmee]; **there wasn't anybody there** non c'era nessuno [non chaira nays-soono]
**anything** qualcosa [kwalkoza]; **I don't want anything** non voglio niente [non vol-yo nyentay]; **don't you have anything else?** non avete nient'altro? [avaytay nyent]
**apart from** a parte [partay]
**apartment** un appartamento
**aperitif** un aperitivo [apaireeteevo]
**apology** le scuse [lay skoozay]; **please accept my apologies** la prego di accettare le mie scuse [achet-taray lay mee-ay]
**appalling** spaventoso
**appear: it would appear that ...** sembrerebbe che ... [sembrairayb-bay kay]
**appendicitis** l'appendicite [ap-pendeecheetay]
**appetite** l'appetito [ap-payteeto]; **I've lost my appetite** ho perso l'appetito [o pairso]
**apple** una mela [mayla]
**apple pie** una crostata di mele [maylay]
**application form** un modulo per la domanda [modoolo pair]
**appointment** l'appuntamento [ap-poontamento]; **I'd like to make an appointment** desidero fissare un appuntamento [dayzeedairo feesaray]
**appreciate: thank you, I appreciate it** grazie, è molto gentile [gratzee-ay ay molto jenteelay]
**approve: she doesn't approve** lei non è d'accordo [lay non ay]
**apricot** un'albicocca [albeekok-ka]
**April** aprile [apreelay]
**aqualung** un autorespiratore [oon owtorespeeratoray]
**Arab** arabo
**arch** l'arco
**archaeology** l'archeologia [arkay-olojee-a]
**architect** un architetto [arkeetet-to]
**are** see page 113
**area: I don't know the area** non conosco la zona [tzona]
**area code** il prefisso
**argument** un litigio [leeteejo]
**arm** il braccio [bracho]
**around** see about
**arrangement: will you make the arrangements?** si può occupare dell'organizzazione? [see pwo ok-kooparay del organeetzatz-yonay]
**arrest** l'arresto; **he's been arrested** è stato arrestato
**arrival** l'arrivo [ar-reevo]
**arrive: when do we arrive?** quando arriviamo? [kwando ar-reev-yamo]; **has my parcel arrived yet?** è arrivato il mio pacco? [ay ... mee-o]; **let me know as soon as they arrive** la prego di avvertirmi quando arrivano [av-vairteermee kwando]; **we only arrived yesterday**

siamo arrivati solo ieri *[s-yamo ... yairee]*
**art** l'arte *[artay]*
**art gallery** la galleria d'arte *[gal-lairee-a dartay]*
**arthritis** l'artrite *[artreetay]*
**artificial** artificiale *[arteefeechalay]*
**artist** un artista
**as: as fast as you can** più veloce che puoi *[p-yoo vaylochay kay pwoy]*; **as much as you can** quanto ti è possibile *[kwanto tee ay pos-seebeelay]*; **as you like** come vuoi *[komay vwoy]*; **as it's getting late** siccome si sta facendo tardi *[seek-komay see sta fachendo]*
**ashore: to go ashore** sbarcare *[zbarkaray]*
**ashtray** un portacenere *[—chenairay]*
**aside from** a parte *[partay]*
**ask** chiedere *[k-yaydairay]*; **that's not what I asked for** io non avevo chiesto questo *[ee-o non avayvo k-yesto kwesto]*; **could you ask him to phone me back?** può chiedergli di richiamarmi? *[pwo k-yaydairl-yee dee reek-yamarmee]*
**asleep: he's still asleep** dorme ancora *[dormay]*
**asparagus** gli asparagi *[asparajee]*
**aspirin** un'aspirina
**assault: she's been assaulted** ha subito un'aggressione *[a soobeeto oon ag-gressyonay]*; **indecent assault** aggressione a scopo di violenza carnale *[ag-gressyonay ... vee-olentza karnalay]*
**assistant** (*helper*) un assistente *[—tay]*; (*in shop*) un commesso (una commessa)
**assume: I assume that ...** suppongo che ... *[soop-pongo kay]*
**asthma** l'asma
**astonishing** stupefacente *[stoopayfachentay]*
**at: at the café** al caffè *[kaffay]*; **at the hotel** in albergo *[albairgo]*; **at 8 o'clock** alle 8 *[al-lay ot-to]*; **see you at dinner** ci vediamo a cena *[chee vayd-yamo a chayna]*

**Atlantic** l'Atlantico
**atmosphere** l'atmosfera *[—faira]*
**attractive** attraente *[at-tra-entay]*; **you're very attractive** sei molto attraente *[say]*
**aubergine** una melanzana *[melantzana]*
**auction** un'asta
**audience** il pubblico *[poob-bleeko]*
**August** agosto
**aunt: my aunt** mia zia *[mee-a tzee-a]*
**au pair** (*girl*) una ragazza alla pari *[ragatza]*
**Australia** l'Australia *[owstral-ya]*
**Australian** australiano *[owstral-yano]*
**Austria** Austria *[owstree-a]*
**Austrian** austriaco *[owstree-ako]*
**authorities** le autorità *[owtoreeta]*
**automatic** automatico *[owtomateeko]*; (*car*) un'automobile con cambio automatico
**automobile** un'automobile *[owtomobeelay]*
**autumn** l'autunno *[owtoono]*; **in the autumn** in autunno
**available: when will it be available?** quando sarà disponibile? *[kwando sara deesponeebeelay]*; **when will he be available?** quando sarà disponibile?
**avenue** un viale *[vee-alay]*
**average: the average Italian** l'italiano medio *[eetal-yano mayd-yo]*; **an above average hotel** un albergo di categoria superiore *[albairgo dee kategoree-a soopair-yoray]*; **a below average hotel** un albergo di categoria inferiore *[eenfair-yoray]*; **the food was only average** il cibo era mediocre *[cheebo aira medyokray]*; **on average** in media *[mayd-ya]*
**awake: is she awake yet?** si è già svegliata? *[see ay ja zvayl-yata]*
**away: is it far away?** è distante? *[ay deestantay]*; **go away!** vattene! *[vat-taynay]*
**awful** terribile *[tair-reebeelay]*
**axle** l'assale *[as-salay]*

# B

**baby** un bambino (una bambina)
**baby-carrier** una culla portatile [kool-la portateelay]
**baby-sitter** un(a) baby-sitter; **can you get us a baby-sitter?** ci può trovare una baby-sitter? [chee pwo trovaray]
**bachelor** uno scapolo
**back: I've got a bad back** soffro di mal di schiena [sk-yayna]; **at the back** dietro [d-yaytro]; **in the back of the car** sul sedile posteriore della macchina [sool saydeelay postair-yoray del-la makkeena]; **I'll be right back** torno subito [soobeeto]; **when do you want it back?** per quando lo rivuole? [pair kwando lo reevwolay]; **can I have my money back?** posso riavere i miei soldi? [reeavairay ee mee-ay-ee soldee]; **come back!** ritorna!; **I go back home tomorrow** domani torno a casa; **we'll be back next year** ritorneremo l'anno prossimo [ree-tornairaymo]; **when is the last bus back?** quand'è l'ultimo autobus per ritornare? [kwanday loolteemo owtoboos pair ree-tornaray]; **he backed into me** mi è venuto addosso a marcia indietro [ay vaynooto ... marcha eend-yaytro]
**backache** il mal di schiena [sk-yayna]
**back door** la porta posteriore [postair-yoray]
**backgammon** la tavola reale [ray-alay]
**backpack** lo zaino [tza-eeno]
**back seat** il sedile posteriore [saydeelay postair-yoray]
**back street** una stradina secondaria
**bacon** la pancetta [panchet-ta]; **bacon and eggs** uova e pancetta [wova ay]
**bad** (quality) scadente [skadentay]; **this meat's bad** questa carne è cattiva [kat-teeva]; **a bad headache** un brutto mal di testa [broot-to]; **it's not bad** non è male [non ay malay]; **too bad!** che sfortuna! [kay sfortoona]

**badly: he's been badly injured** è rimasto gravemente ferito [ay ... grav-ementay faireeto]
**bag** la borsa; (handbag) la borsetta
**baggage** il bagaglio [bagal-yo]
**baggage allowance** il peso massimo del bagaglio autorizzato [payzo ... bagal-yo owtoreetzato]
**baggage checkroom** il deposito per bagagli [pair bagal-yee]
**bakery** il fornaio [forna-yo]
**balcony** il balcone [balkonay]; **a room with a balcony** una stanza con balcone [stantza]; **on the balcony** sul balcone [sool]
**bald** calvo
**ball** una palla
**ballet** il balletto
**ball-point pen** una penna a sfera [sfaira]
**banana** una banana
**band** (mus) un complesso
**bandage** la fasciatura [fashatoora]; **could you change the bandage?** può cambiare la fasciatura? [pwo kamb-yaray]
**bandaid** un cerotto [chairot-to]
**bank** (money) la banca; **when are the banks open?** qual'è l'orario di apertura delle banche? [kwalay ... apairtoora del-lay bankay]
**bank account** un conto in banca
**bar** un bar; **let's meet in the bar** vediamoci al bar [vayd-yamochee]; **a bar of chocolate** una tavoletta di cioccolato [chok-kolato]
**barbecue** un barbecue
**barber** il barbiere [barb-yairay]
**bargain: it's a real bargain** è un vero affare [ay oon vairo af-faray]
**barmaid** la cameriera [kamair-yaira]
**barman** il barman
**barrette** un fermacapelli [fairma-kapel-lee]
**bartender** il barista

**basic**        **below**

**basic: the hotel is rather basic** l'albergo è piuttosto modesto *[ay p-yootosto]*; **will you teach me some basic phrases?** mi puoi insegnare qualche espressione di base? *[mee pwoy eensen-yaray kwalkay espress-yonay dee basay]*
**basket** un cestino *[chesteeno]*
**bath** un bagno *[ban-yo]*; **can I take a bath?** posso fare un bagno? *[faray]*
**bathing** il bagnarsi *[ban-yarsee]*
**bathing costume** un costume da bagno *[kostoomay da ban-yo]*
**bathrobe** l'accappatoio *[ak-kap-patoyo]*
**bathroom** la stanza da bagno *[stantza da ban-yo]*; **a room with a private bathroom** una camera con bagno *[kamaira]*; **can I use your bathroom?** posso usare il bagno? *[oosaray]*
**bath salts** i sali da bagno *[salee da ban-yo]*
**bath towel** un asciugamano da bagno *[ashoogamano da ban-yo]*
**battery** la batteria *[bat-tairee-a]*; **the battery's flat** la batteria è scarica *[ay]*
**bay** la baia *[ba-ya]*
**be** essere *[es-sairay]*; **be reasonable** sii ragionevole *[see rajonayvolay]*; **don't be lazy** non fare il pigro *[non faray]*; **where have you been?** dove sei stato? *[dovay say]*; **I've never been to ...** non sono mai stato a ... *[ma-ee]*; *see* **I, you, he** *etc and pages 113, 114*
**beach** la spiaggia *[sp-yaj-ja]*; **on the beach** sulla spiaggia *[sool-la]*; **I'm going to the beach** sto andando alla spiaggia
**beach ball** un pallone da spiaggia *[pallonay da sp-yaj-ja]*
**beach café** un caffè sulla spiaggia *[kaf-fay sool-la sp-yaj-ja]*
**beach mat** una stuoia *[stwo-ya]*
**beach towel** un asciugamano da spiaggia *[ashoogamano da sp-yaj-ja]*
**beach umbrella** un ombrellone *[ombrel-lonay]*
**beads** una collana
**beans** i fagioli *[fajolee]*; **runner beans** i fagiolini *[fajoleenee]*; **broad beans** le fave *[favay]*
**beard** la barba
**beautiful** bello; **thank you, that's beautiful** grazie, è perfetto *[gratzee-ay ay pairfet-to]*
**beauty salon** il salone di bellezza *[salonay dee bel-letza]*

**because** perché *[pairkay]*; **because of the weather** a causa del tempo *[kowza]*
**bed** il letto; **single bed** un letto a una piazza *[p-yatza]*; **double bed** un letto a due piazze *[p-yatzay]*; **you haven't made my bed** non ha fatto il mio letto *[non a ... mee-o]*; **I'm going to bed** vado a letto; **he's still in bed** è ancora a letto *[ay]*
**bed and breakfast** camera con prima colazione *[kamaira ... kolatz-yonay]*
**bed clothes** le coperte e le lenzuola *[kopairtay ay lay lentzwola]*
**bed linen** la biancheria da letto *[b-yankairee-a]*
**bedroom** la camera da letto *[kamaira]*
**bee** l'ape *[apay]*
**beef** il manzo *[mantzo]*
**beer** una birra; **two beers, please** due birre, per favore *[doo-ay beer-ray pair favoray]*
**before: before breakfast** prima della colazione *[preema]*; **before I leave** prima di andarmene *[andarmaynay]*; **I haven't been here before** è la prima volta che vengo qui *[ay ... kay vengo kwee]*
**begin: what does it begin?** quando comincia? *[kwando komeencha]*
**beginner** un principiante *[preencheep-yantay]*; **I'm just a beginner** sono solo un principiante
**beginners' slope** la pista per principianti *[pair preencheep-yantee]*
**beginning: at the beginning** all'inizio *[al eeneetz-yo]*
**behavio(u)r** il comportamento
**behind** dietro *[d-yaytro]*; **the car behind me** la macchina dietro di me *[may]*
**beige** beige
**Belgian** belga
**Belgium** il Belgio *[beljo]*
**believe: I don't believe you** non ti credo *[kraydo]*; **I believe you** ti credo
**bell** (*door*) il campanello; (*church*) la campana
**belly-flop** una panciata *[panchata]*
**belong: that belongs to me** quello è mio *[kwel-lo ay mee-o]*; **who does this belong to?** di chi è questo? *[dee kee ay kwesto]*
**belongings: all my belongings** tutto ciò che possiedo *[tooto cho kay pos-yaydo]*
**below** sotto; **below the knee** sotto il gi-

nocchio
**belt** la cintura *[cheentoora]*
**bend** (*in road*) la curva *[koorva]*
**berries** le bacche *[bak-kay]*
**berth** (*on ship*) la cuccetta *[koochet-ta]*
**beside: beside the church** accanto alla chiesa *[ak-kanto]*; **sit beside me** siediti accanto a me *[s-yaydeetee ... may]*
**besides: besides that** oltre a ciò *[oltray a cho]*
**best** il migliore *[meel-yoray]*; **the best hotel in town** il migliore albergo della città *[albairgo del-la cheeta]*; **that's the best meal I've ever had** non ho mai mangiato niente di più buono *[non o ma-ee manjato nyentay dee p-yoo bwono]*
**bet : I bet you 5000 lire** scommettiamo 5000 lire *[skom-met-yamo ... leeray]*
**better** meglio *[mayl-yo]*; **that's better** così va meglio *[kozee]*; **are you feeling better?** stai meglio? *[sta-ee]*; **I'm feeling a lot better** mi sento molto meglio; **I'd better be going now** sarà meglio che vada adesso *[kay]*
**between** tra
**beyond** oltre *[oltray]*; **beyond the mountains** oltre le montagne
**bicycle** la bicicletta *[beecheeklet-ta]*; **can we rent bicycles here?** possiamo noleggiare delle biciclette qui? *[pos-yamo nolej-jaray del-lay ... kwee]*
**bidet** il bidé *[beeday]*
**big** grande *[granday]*; **a big one** uno grande; **that's too big** quello lì è troppo grande *[kwel-lo lee ay]*; **it's not big enough** non è abbastanza grande *[non]*
**bigger** più grande *[p-yoo]*
**bike** una bici *[beechee]*; (*motorbike*) una motocicletta *[motocheeklet-ta]*
**bikini** un bikini
**bill** il conto; **could I have the bill, please?** il conto, per favore *[pair favoray]*
**billfold** il portafoglio *[—fol-yo]*
**billiards** il biliardo *[beel-yardo]*
**binding** (*ski*) l'attacco
**bingo** la tombola pubblica *[poob-bleeka]*
**bird** un uccello *[oochel-lo]*
**biro** (*tm*) una biro
**birthday** il compleanno *[komplay-an-no]*; **it's my birthday** è il mio compleanno *[ay eel mee-o]*; **when is your birthday?** quand'è il tuo compleanno? *[kwanday eel too-o]*; **happy birthday!** buon compleanno! *[bwon]*
**biscuit** un biscotto
**bit: just a little bit for me** per me solo un pochino *[pair may ... pokeeno]*; **a big bit** un grosso boccone *[bok-konay]*; **a bit of that cake** un pezzetto di quel dolce *[petzet-to dee kwel dolchay]*; **it's a bit too big for me** è un po' troppo grande per me; **it's a bit cold today** fa un po' freddo oggi *[oj-jee]*
**bite** (*by flea etc*) una puntura *[poontoora]*; **I've been bitten** (*by insect*) sono stato punto *[poonto]*; **do you have something for bites?** avete qualcosa contro le punture d'insetto? *[avaytay kwalkoza ... poontooray]*
**bitter** (*taste etc*) amaro
**bitter lemon** una limonata amara
**black** nero *[nairo]*; *see* **coffee**
**black and white** (*photograph*) in bianco e nero *[b-yanko ay nairo]*
**blackout: he's had a blackout** ha perso conoscenza *[a pairso konoshentza]*
**bladder** la vescica *[vaysheeka]*
**blanket** una coperta *[kopairta]*; **I'd like another blanket** vorrei ancora una coperta *[vor-ray]*
**blast!** accidenti! *[acheedentee]*
**blazer** un blazer
**bleach** (*for loo etc*) la varechina *[varaykeena]*
**bleed** sanguinare *[sangweenaray]*; **he's bleeding** perde sangue *[pairday sangway]*
**bless you!** salute! *[salootay]*
**blind** cieco *[cheko]*
**blinds** le tende avvolgibili *[tenday avvoljeebeelay]*
**blind spot** l'angolo morto
**blister** una vescica *[vaysheeka]*
**blocked** (*road, pipe*) bloccato
**block of flats** un caseggiato *[kasej-jato]*
**blond** biondo *[b-yondo]*
**blonde** una bionda *[b-yonda]*
**blood** il sangue *[sangway]*; **his blood group is ...** il suo gruppo sanguigno è ... *[soo-o groop-po sangween-yo ay]*; **I have high blood pressure** ho la pressione alta *[o la press-yonay]*
**bloody mary** un cocktail di vodka e succo di pomodoro *[ay sook-ko ...]*
**blouse** una camicetta *[kameechet-ta]*
**blow-dry** una asciugatura con föhn

## blue

[ashoogatoora kon furn]
**blue** blu [bloo]
**blusher** il fard
**board: full board** la pensione completa [pens-yonay]; **half-board** la mezza pensione [metza]
**boarding house** una pensione [pensyonay]
**boarding pass** la carta d'imbarco
**boat** una barca
**body** il corpo
**boil** (*on skin*) un foruncolo [foroonkolo]; **to boil the water** far bollire l'acqua [bolleeray lakwa]
**boiled egg** un uovo sodo [wovo]
**boiling hot** bollente [bol-lentay]
**bomb** una bomba
**bone** un osso
**bonnet** (*car*) il cofano
**book** un libro; **I'd like to book a table for two** vorrei prenotare un tavolo per due [vor-ray praynotaray ... pair doo-ay]
**bookshop, bookstore** una libreria [leebrairee-a]
**boot** uno stivale [steevalay]; (*of car*) il bagagliaio [bagal-ya-yo]
**booze** l'alcool [alkol]; **I had too much booze** ho bevuto troppo [o bayvooto]
**border** (*of country*) il confine [konfeenay]
**bored: I'm bored** mi sto annoiando [mee sto an-noyando]
**boring** noioso [noy-ozo]
**born: I was born in ...** (*place*) sono nato a ...; **I was born in ...** (*time*) sono nato nel ...
**borrow: may I borrow ...?** posso prendere a prestito ...? [prendairay a presteeto]
**boss** il capo
**both** entrambi; **I'll take both of them** li prendo tutti e due [toot-tee ay doo-ay]; **we'll both come** veniamo tutti e due [ven-yamo]
**bother: sorry to bother you** mi scusi il disturbo [skoozee eel deestoorbo]; **it's no bother** nessun disturbo [nays-soon]; **it's such a bother** è una tale seccatura [ay oona talay sek-katoora]
**bottle** una bottiglia [bot-teel-ya]; **a bottle of wine** una bottiglia di vino; **another bottle, please** ancora una bottiglia, per favore [pair favoray]
**bottle-opener** un cavatappi
**bottom** (*of person*) il sedere [saydairay]; **at the bottom of the hill** ai piedi della collina [a-ee p-yaydee]
**bottom gear** la prima
**bouncer** il buttafuori [boot-tafworee]
**bowels** l'intestino
**bowling** (*ten pin*) il bowling [booling]
**bowls** (*game*) il gioco delle bocce [joko del-lay bochay]
**box** una scatola
**box lunch** un pranzo al sacco [prantzo]
**box office** il botteghino [bot-tay-gheeno]
**boy** un ragazzo [ragatzo]
**boyfriend: my boyfriend** il mio ragazzo [mee-o ragatzo]
**bra** un reggiseno [rej-jeesayno]
**bracelet** un braccialetto [brachalet-to]
**brake** il freno [frayno]; **there's something wrong with the brakes** i freni non funzionano bene [ee fraynee non foontzyonano benay]; **can you check the brakes?** può controllare i freni? [pwo]; **I had to brake suddenly** ho dovuto frenare di colpo [o dovooto fraynaray]
**brake fluid** il liquido per freni [leekweedo pair fraynee]
**brake lining** il ferodo [fairodo]
**brandy** il brandy
**brave** coraggioso [koraj-jozo]
**bread** il pane [panay]; **could we have some bread and butter?** ci può portare del pane e del burro? [chee pwo portaray ... boor-ro]; **some more bread, please** ancora pane, per favore [pair favoray]; **white bread** il pane bianco [b-yanko]; **brown bread** il pane nero [nairo]; **wholemeal bread** il pane integrale [eentay-gralay]; **rye bread** il pane di segale [segalay]
**break** rompere [rompairay]; **I think I've broken my ankle** credo di essermi rotto la caviglia [kraydo dee es-sairmee ... kaveel-ya]; **it keeps breaking** continua a rompersi [konteenoo-a a rompairsee]
**breakdown** un guasto [gwasto]; **I've had a breakdown** sono rimasto in panne [pan-nay]; **nervous breakdown** un esaurimento nervoso [ayzowreemento nairvozo]
**breakfast** la prima colazione [kolatzyonay]; **English/full breakfast** la prima colazione all'inglese [eenglayzay]; **continental breakfast** la colazione all'europea [ay-ooropay-a]

**break in**

**break in: somebody's broken in** c'è stata un'irruzione [chay ... eer-rootz-yonay]
**breast** il seno [sayno]
**breast-feed** allattare al seno [al-lataray al sayno]
**breath** il fiato [f-yato]; **out of breath** senza fiato [sentza]
**breathe** respirare [respeeraray]; **I can't breathe** non riesco a respirare [non ree-esko]
**breathtaking** (view etc) mozzafiato [motzaf-yato]
**breeze** la brezza [bretza]
**breezy** (fresh, cool) ventilato
**bridal suite** (in hotel) l'appartamento riservato ai giovani sposi [reesairvato a-ee jovanee]
**bride** la sposa
**bridegroom** lo sposo
**bridge** un ponte [pontay]; (card game) il bridge
**brief** breve [brevay]
**briefcase** una cartella
**bright** (light etc) brillante [breel-lantay]; **bright red** rosso acceso [achayzo]
**brilliant** (idea, person) brillante [breel-lantay]
**bring** portare [portaray]; **could you bring it to my hotel?** può portarlo al mio albergo? [pwo ... mee-o albairgo]; **I'll bring it back** lo riporterò [reeportairo]; **can I bring a friend too?** posso portare anche un mio amico? [ankay oon mee-o]
**Britain** la Gran Bretagna [bretan-ya]
**British** britannico
**Britisher** britannico
**brochure** un opuscolo [opooskolo]; **do you have any brochures on ...?** avete qualche opuscolo su ...? [avaytay kwalkay ... soo]
**broke: I'm broke** sono al verde [vairday]
**broken** rotto; **you've broken it** lo hai rotto [a-ee]; **it's broken** è rotto [ay]; **broken nose** il naso rotto
**brooch** una spilla
**brother: my brother** mio fratello [mee-o]
**brother-in-law: my brother-in-law** mio cognato [mee-o kon-yato]
**brown** marrone [mar-ronay]; (sun-tanned) abbronzato [ab-brontzato]; **I don't go brown** non divento scuro [skooro]
**brown paper** la carta da pacchi [pak-kee]
**browse: may I just browse around?** posso dare un'occhiatina in giro? [daray oon ok-yateena een jeero]
**bruise** un livido
**brunette** una bruna [broona]
**brush** una spazzola [spatzola]; (artist's) un pennello
**Brussels sprouts** i cavoletti di Bruxelles [brooksel]
**bubble bath** un bagno schiuma [ban-yo sk-yooma]
**bucket** un secchio [sek-yo]
**buffet** un buffet
**bug** (insect) un insetto; **she's caught a bug** si è presa un'infezione [see ay prayza oon eenfetz-yonay]
**building** un edificio [edeefeecho]
**bulb** una lampadina; **we need a new bulb** abbiamo bisogno di una lampadina nuova [ab-yamo beezon-yo ... nwova]
**bull** un toro
**bump: I bumped my head** ho sbattuto la testa [o zbat-tooto]
**bumper** il paraurti [para-oortee]
**bumpy** (road) accidentato [acheedentato]
**bunch of flowers** un mazzo di fiori [matzo dee f-yoree]
**bungalow** un bungalow [boongalo]
**bunion** la cipolla [cheepol-la]
**bunk** una cuccetta [koochet-ta]
**bunk beds** i letti a castello
**buoy** una boa [bo-a]
**burglar** un ladro
**burn: do you have an ointment for burns?** avete una pomata contro le scottature? [avaytay ... skot-tatooray]
**burnt: this meat is burnt** questa carne è bruciata [kwesta karnay ay broochata]; **my arms are so burnt** mi sono scottato le braccia [bracha]
**burst: a burst pipe** una tubatura scoppiata [toobatoora skop-yata]
**bus** l'autobus [owtoboos]; **is this the bus for ...?** è questo l'autobus per ...? [ay kwesto ... pair]; **when's the next bus?** quand'è il prossimo autobus? [kwanday]
**bus driver** il conducente dell'autobus [kondoochentay del owtoboos]
**business** gli affari [l-yee af-faree]; **I'm here on business** sono qui per affari [kwee pair]
**bus station** la stazione degli autobus [statz-yonay del-yee owtoboos]
**bus stop** la fermata dell'autobus [fairmata

**bust**  *del owtobus]*; **will you tell me which bus stop I get off at?** mi può dire dove devo scendere? *[mee pwo deeray dovay dayvo shendairay]*
**bust** il busto *[boosto]*
**bus tour** una gita in pullman *[jeeta]*
**busy** (*street, restaurant etc*) animato; **I'm busy this evening** stasera ho da fare *[stasaira o da faray]*; **the line was busy** la linea era occupata *[leen-ya aira okkoopata]*
**but** ma; **not ... but ...** non ... ma ...
**butcher** il macellaio *[machel-la-yo]*
**butter** il burro *[boor-ro]*
**butterfly** la farfalla
**button** un bottone *[bot-tonay]*

**buy** comprare *[kompra-ray]*; **I'll buy it** lo prendo; **where can I buy ...?** dove vendono ...? *[dovay]*
**by: by train/car** in treno/macchina *[een]*; **who's it written by?** chi è l'autore? *[kee ay lowtoray]*; **it's by Mantegna** è di Mantegna *[ay]*; **I came by myself** sono venuto da solo *[vaynooto]*; **a seat by the window** un posto vicino al finestrino *[veecheeno al]*; **by the sea** sul mare *[sool maray]*; **can you do it by Wednesday?** riesci a farlo per mercoledì? *[ree-eshee ... pair]*
**bye-bye** arrivederci *[ar-reevaydairchee]*
**bypass** (*road*) una circonvallazione *[cheerkonval-latz-yonay]*

# C

**cab** (*taxi*) un taxi
**cabaret** il cabaret
**cabbage** un cavolo
**cabin** (*on ship*) la cabina
**cable** (*elec*) un cavo
**cablecar** la funivia *[fooneevee-a]*
**café** un caffè *[kaf-fay]*
**caffeine** la caffeina *[kaf-fay-eena]*
**cake** una torta; **a piece of cake** una fetta di torta
**calculator** un calcolatore *[—toray]*
**calendar** un calendario
**call: what is this called?** come si chiama? *[komay see k-yama]*; **call the police!** chiamate la polizia! *[k-yamatay la poleetzee-a]*; **call the manager!** chiamate il direttore! *[deeret-toray]*; **I'd like to make a call to England** vorrei telefonare in Inghilterra *[vor-ray telefonaray een eenghiltair-ra]*; **I'll call back later** (*come back*) tornerò più tardi *[tornairo p-yoo]*; (*phone back*) richiamerò più tardi *[reek-yamairo p-yoo]*; **I'm expecting a call from London** aspetto una telefonata da Londra; **would you give me a call at 7.30 tomorrow morning?** mi può svegliare alle 7.30 domani mattina? *[mee pwo zvayl-yaray al-lay]*; **it's been called off** è stato annullato *[ay]*
**call box** la cabina telefonica
**calm** la calma; **calm down!** si calmi!
**Calor gas** (*tm*) il butano *[bootano]*
**calories** le calorie *[kaloree-ay]*
**camera** una macchina fotografica *[mak-keena]*
**camp: is there somewhere we can camp?** c'è un posto dove ci possiamo accampare? *[chay oon posto dovay chee pos-yamo ak-kamparay]*; **can we camp here?** possiamo accamparci qui? *[pos-yamo —parchee kwee]*
**campbed** una branda
**camping** il campeggio *[kampej-jo]*
**campsite** un campeggio *[kampej-jo]*
**can** una latta; **a can of beer** una lattina di birra

**can: can I ...?** posso ...?; **can you ...?** (*singular polite*) può ...? *[pwo]*; (*singular familiar*) puoi ...? *[pwoy]*; **can he ...?** può ...? *[pwo]*; **can we ...?** possiamo ...? *[pos-yamo]*; **can they ...?** possono ...?; **I can't ...** non posso ...; **he can't ...** non può ...; **can I keep it?** posso tenerlo? *[tenairlo]*; **if I can** se posso *[say]*; **that can't be right**

**Canada**

non può essere così *[non pwo es-sairay kozee]*
**Canada** il Canada
**Canadian** canadese *[kanadayzay]*
**canal** un canale *[kanalay]*
**cancel** annullare *[an-nool-laray]*; **can I cancel my reservation?** posso annullare la prenotazione? *[praynotatz-yonay]*; **can we cancel dinner for tonight?** possiamo disdire la cena questa sera? *[possyamo deesdeeray la chayna kwesta saira]*; **I cancelled it** l'ho annullato *[lo]*
**cancellation** la disdetta
**candle** una candela
**candy** una caramella; **a piece of candy** una caramella
**canoe** una canoa *[kano-a]*
**can-opener** un apriscatole *[apreeskatolay]*
**cap** (*yachting etc*) un berretto *[bair-ret-to]*; (*of bottle, radiator*) un tappo; **bathing cap** una cuffia da bagno *[koof-ya da ban-yo]*
**capital city** la capitale *[kapeetalay]*
**capital letters** le lettere maiuscole *[lettair-ray ma-yooskolay]*
**capsize: it capsized** si è capovolto *[ay]*
**captain** il capitano
**car** la macchina *[mak-keena]*
**carafe** una caraffa
**carat: is it 9/14 carat gold?** è oro a 9/14 carati? *[ay oro a novay/kwat-tordeechee karatee]*
**caravan** una roulotte *[roolot]*
**caravan site** un campeggio per roulotte *[kampej-jo pair roolot]*
**carbonated** gassato
**carburettor, carburetor** il carburatore *[karbooratoray]*
**card: do you have a (business) card?** ha un biglietto da visita? *[a oon beel-yet-to da veezeeta]*
**cardboard box** una scatola di cartone *[kartonay]*
**cardigan** un cardigan
**cards** le carte *[kartay]*; **do you play cards?** gioca a carte? *[joka]*
**care: goodbye, take care** arrivederci e stia bene *[ar-reevaydairchee ay stee-a benay]*; **will you take care of it for me?** se ne può occupare lei per me? *[say nay pwo ok-kooparay lay pair may]*; **will you take care of this bag?** può dare un'occhiata a questa borsa? *[daray oon*

**cassette**

*ok-yata]*; **care of ...** presso ...
**careful: be careful** faccia attenzione *[facha at-tentz-yonay]*
**careless: that was careless of you** avresti dovuto farci più attenzione *[dovooto farchee p-yoo]*; **careless driving** una guida imprudente *[gweeda eemproodentay]*
**car ferry** una nave traghetto *[navay]*
**car hire** il noleggio di automobili *[nolej-jo dee owtomobeelee]*
**car keys** le chiavi della macchina *[k-yavee ... mak-keena]*
**carnation** un garofano
**carnival** il carnevale *[karnayvalay]*
**car park** un parcheggio *[parkej-jo]*
**carpet** un tappeto
**car rental** (*shop*) il noleggio di automobili *[nolej-jo dee owtomobeelee]*
**carrot** una carota
**carry** portare *[portaray]*; **could you carry this for me?** me lo può portare lei? *[may lo pwo ... lay]*
**carry-all** una sacca da viaggio *[vee-aj-jo]*
**carry-cot** un porte-enfant *[port-onfan]*
**carry-on: what a carry-on!** che confusione! *[kay konfooz-yonay]*
**car-sick: I get car-sick** soffro di mal d'auto *[owto]*
**carton** (*of cigarettes*) una stecca; **a carton of milk** un cartone di latte *[kartonay dee lat-tay]*
**carving** la scultura *[skooltoora]*
**carwash** (*place*) un lavaggio auto *[lavaj-jo owto]*
**case** (*suitcase*) una valigia *[valeeja]*; **in any case** in ogni caso *[on-yee kaso]*; **in that case** in questo caso *[kwesto]*; **it's a special case** è un caso particolare *[ay ... parteekolaray]*; **in case he comes back** nel caso ritorni; **I'll take two just in case** ne prendo due per sicurezza *[nay ... doo-ay pair seekooretza]*
**cash** il contante *[kontantay]*; **I don't have any cash** non ho contante *[o]*; **I'll pay cash** pago in contante; **will you cash a cheque/check for me?** mi cambia un assegno? *[mee kamb-ya oon as-sen-yo]*
**cashdesk** la cassa
**cash dispenser** lo sportello automatico *[owtomateeko]*
**cash register** la cassa
**casino** il casinò *[kazeeno]*
**cassette** una cassetta

**cassette player** un mangianastri [*manja-nastree*]
**cassette recorder** un registratore a cassetta [*rejeestratoray*]
**castle** un castello
**casual: casual clothes** l'abbigliamento casual [*ab-beel-yamento*]
**cat** un gatto
**catamaran** un catamarano
**catastrophe** una catastrofe [*katastrofay*]
**catch: the catch has broken** si è rotto il gancio [*see ay ... gancho*]; **where do we catch the bus?** dove prendiamo l'autobus? [*dovay prend-yamo lowtoboos*]; **he's caught some strange illness** si è preso una strana malattia [*see ay prayzo ... malat-tee-a*]
**catching: is it catching?** è contagioso? [*ay kontaj-jozo*]
**cathedral** una cattedrale [*kat-tedralay*]
**Catholic** cattolico
**cauliflower** un cavolfiore [*kavolf-yoray*]
**cause** la causa [*kowza*]
**cave** una grotta
**caviar** il caviale [*kav-yalay*]
**ceiling** il soffitto
**celebrations** le feste [*festay*]
**celery** il sedano
**cellophane** il cellophane [*chel-lofan*]
**Celsius** Celsius [*chelsee-oos*]
**cemetery** un cimitero [*cheemeetairo*]
**center** il centro [*chentro*]; *see also* **centre**
**centigrade** centigrado [*chenteegrado*]; *see page 121*
**centimetre, centimeter** un centimetro [*chentee—*]; *see page 119*
**central** centrale [*chentralay*]; **we'd prefer something more central** preferiremmo qualcosa più in centro [*prayfairee-raymo kwalkoza p-yoo een chentro*]
**central heating** il riscaldamento centrale [*chentralay*]
**central station** la stazione centrale [*statz-yonay chentralay*]
**centre** il centro [*chentro*]; **how do we get to the centre?** come si arriva in centro? [*komay*]; **in the centre (of town)** in centro
**century** un secolo; **in the 19th/20th century** nel XIX/XX secolo [*deecha-novay-zeemo/ventayzeemo*]
**ceramics** degli oggetti in ceramica [*oj-jet-tee een chairameeka*]

**certain** certo [*chairto*]; **are you certain?** sei sicuro? [*say seekooro*]; **I'm absolutely certain** ne sono certissimo [*nay sono chairtees-seemo*]
**certainly** certamente [*chairtamentay*]; **certainly not** certamente no
**certificate** un certificato [*chairteefeeka-to*]; **birth certificate** il certificato di nascita [*nasheeta*]
**chain** una catena
**chair** una sedia
**chairlift** la seggiovia [*sej-jovee-a*]
**chalet** uno chalet
**chambermaid** una cameriera d'albergo [*kamair-yaira dalbairgo*]
**champagne** lo champagne [*shampan-yuh*]
**chance: quite by chance** per puro caso [*pair pooro*]; **no chance!** certamente no! [*chairtamentay no*]
**change: could you change this into lire?** me lo può cambiare in lire? [*may lo pwo kamb-yaray een leeray*]; **I haven't any change** non ho spiccioli [*non o spee-cholee*]; **can you give me change for a 10,000 lire note?** mi può cambiare 10.000 lire? [*mee pwo kamb-yaray d-yaychee-meela leeray*]; **can I change this for ...?** posso cambiarlo con ...? [*kamb-yarlo*]; **do we have to change (trains)?** dobbiamo cambiare? [*dob-yamo*]; **for a change** tanto per cambiare [*pair*]; **you haven't changed the sheets** non ha cambiato le lenzuola [*non a ... lentz-wola*]; **the place has changed so much** il posto è talmente cambiato [*ay talmentay*]; **do you want to change places with me?** vuole fare cambio di posto? [*vwolay faray kamb-yo*]
**changeable** (*weather*) variabile [*varee-abeelay*]; (*person*) lunatico [*loonateeko*]
**channel: the English Channel** la Manica
**chaos** un caos [*ka-os*]
**chap** un tizio [*teetz-yo*]; **the chap at reception** il tizio della reception
**chapel** una cappella
**charge: is there an extra charge?** c'è un supplemento da pagare? [*chay oon soo-playmento da pagaray*]; **what do you charge?** quanto si paga? [*kwanto*]; **who's in charge here?** chi è il responsabile qui? [*kee ay eel responsabeelay kwee*]

**charming** (*person*) delizioso *[dayleetz-yozo]*
**chart** una tabella
**charter flight** un volo charter
**chassis** il telaio *[tayla-yo]*
**cheap** a buon mercato *[bwon mairkato]*; **do you have something cheaper?** avete niente che costi di meno? *[avaytay nyentay kay kostee dee mayno]*
**cheat: I've been cheated** mi hanno imbrogliato *[mee an-no eembrol-yato]*
**check: will you check?** può controllare? *[pwo kontrol-laray]*; **will you check the steering?** può controllare lo sterzo? *[pwo ... stairtzo]*; **will you check the bill?** può controllare il conto?; **I've checked it** ho controllato *[o]*
**check** (*money*) un assegno *[as-sen-yo]*; **will you take a check?** accettate assegni? *[achet-tatay as-sen-yee]*.
**check** (*bill*) il conto; **may I have the check please?** il conto, per favore *[pair favoray]*
**checkbook** il libretto degli assegni *[del-yee as-sen-yee]*
**checked** (*shirt etc*) a quadretti *[kwadrettee]*
**checkers** la dama
**check-in** (*at airport*) il check-in
**checkroom** il guardaroba *[gwardaroba]*
**cheek** la guancia *[gwancha]*; **what a cheek!** che faccia tosta! *[kay facha]*
**cheeky** sfacciato *[sfachato]*
**cheerio** ciao *[cha-o]*
**cheers** (*thank you*) grazie *[gratzee-ay]*; (*toast*) alla salute *[salootay]*
**cheer up!** allegria! *[al-legree-a]*
**cheese** il formaggio *[formaj-jo]*
**chef** il capocuoco *[kapokwoko]*
**chemist** il farmacista *[farmacheesta]*
**cheque** un assegno *[as-sen-yo]*; **will you take a cheque?** accettate assegni? *[achet-tatay as-sen-yee]*
**cheque book** il libretto degli assegni *[del-yee as-sen-yee]*
**cheque card** la carta assegni *[as-sen-yee]*
**cherry** una ciliegia *[cheel-yay-ja]*
**chess** gli scacchi *[skak-kee]*
**chest** il petto
**chewing gum** il chewing gum
**chicken** un pollo
**chickenpox** la varicella *[varee-chel-la]*
**child** un bambino (una bambina);

**children** i bambini
**child minder** una bambinaia *[bambeena-ya]*
**child minding service** il servizio di assistenza per bambini *[sairveetz-yo dee asseestentza pair]*
**children's playground** un parco giochi *[jo-kee]*
**children's pool** una piscina per bambini *[peesheena pair]*
**children's portion** una porzione per bambini *[portz-yonay pair]*
**children's room** la stanza dei bambini *[stantza day]*
**chilled** (*wine*) freddo; **it's not properly chilled** non è abbastanza freddo *[non ay ab-bastantza]*
**chilly** (*weather*) fresco
**chimney** un camino
**chin** il mento
**china** la porcellana *[porchel-lana]*; (*adj*) di porcellana
**chips** le patatine fritte *[patateenay freettay]*; (**potato**) **chips** le patatine
**chiropodist** un callista
**chocolate** il cioccolato *[chok-kolato]*; **a chocolate bar** una tavoletta di cioccolato; **a box of chocolates** una scatola di cioccolatini *[chok-kolateenee]*; **hot chocolate** una cioccolata calda
**choke** (*car*) lo starter
**choose: it's hard to choose** è difficile scegliere *[ay deefeecheelay shel-yairay]*; **you choose for us** scelga lei per noi *[shelga lay pair noy]*
**chop: pork/lamb chop** una costoletta di maiale/di agnello *[ma-yalay/an-yel-lo]*
**Christian name** il nome di battesimo *[nomay dee bat-tayzeemo]*
**Christmas** il Natale *[natalay]*; **Merry Christmas** Buon Natale *[bwon]*
**church** una chiesa *[k-yayza]*; **where is the Protestant/Catholic Church?** dov'è la Chiesa Protestante/Cattolica? *[dovay ... protestantay/kat-toleeka]*
**cider** il sidro
**cigar** un sigaro
**cigarette** una sigaretta; **tipped/plain cigarettes** sigarette con/senza filtro *[—tay kon/sentza]*
**cigarette lighter** un accendino *[achendeeno]*
**cine-camera** una cinepresa *[cheenay-*

**cinema** 14 **cold**

*prayza]*
**cinema** un cinema *[cheenayma]*
**circle** un cerchio *[chairk-yo]*; (*theatre: seats*) la galleria *[gal-lairee-a]*
**citizen** un cittadino *[cheet-tadeeno]*; **I'm a British/American citizen** sono cittadino britannico/americano
**city** una città *[cheeta]*
**city centre, city center** il centro *[chentro]*
**claim** (*insurance*) una domanda d'indennizzo *[eendayn-neetzo]*
**claim form** (*insurance*) un modulo per la domanda d'indennizzo *[modoolo pair ... deendayn-neetzo]*
**clarify** chiarire *[k-yareeray]*
**classical** classico
**clean** pulito *[pooleeto]*; **may I have some clean sheets?** vorrei delle lenzuola pulite *[vor-ray del-lay lentz-wola pooleetay]*; **our apartment hasn't been cleaned today** oggi nel nostro appartamento non sono state fatte le pulizie *[oj-jee ... statay fat-tay lay pooleetzee-ay]*; **it's not clean** non è pulito *[non ay]*; **can you clean this for me?** (*clothes*) me lo può pulire? *[may lo pwo pooleeray]*
**cleaning solution** (*for contact lenses*) una soluzione per lenti a contatto *[solootz-yonay]*
**cleansing cream** una crema detergente *[daytairjentay]*
**clear: it's not very clear** (*meaning*) non è molto chiaro *[non ay molto k-yaro]*; **OK, that's clear** (*understood*) d'accordo, ho capito *[o]*
**clever** intelligente *[—jentay]*
**cliff** una scogliera *[skol-yaira]*
**climate** il clima
**climb: it's a long climb to the top** è una lunga scalata fino in cima *[ay oona loonga ... cheema]*; **we're going to climb ...** abbiamo intenzione di scalare ... *[abyamo eententz-yonay dee skalaray]*
**clinic** una clinica
**clip** (*ski*) l'attacco
**cloakroom** (*for coats*) il guardaroba *[gwardaroba]*; (*WC*) la toilette *[twalet]*
**clock** un orologio *[orolojo]*
**close: is it close?** è vicino? *[ay veecheeno]*; **close to the hotel** vicino all'albergo; **close by** qui vicino *[kwee]*; (*weather*) afoso

**close: when do you close?** quando chiudete? *[kwando k-yoodaytay]*
**closed** chiuso *[k-yoozo]*; **they were closed** era chiuso *[aira]*
**closet** un armadio *[armad-yo]*
**cloth** (*material*) la stoffa; (*rag etc*) uno straccio *[stracho]*
**clothes** gli abiti
**clothes line** la corda del bucato *[bookato]*
**clothes peg, clothes pin** una molletta da bucato *[bookato]*
**cloud** una nuvola *[noovola]*; **it's clouding over** si sta rannuvolando *[rannoovolando]*
**cloudy** nuvoloso *[noovolozo]*
**club** un club
**clubhouse** il club
**clumsy** goffo
**clutch** (*car*) la frizione *[freetz-yonay]*; **the clutch is slipping** la frizione è difettosa *[ay deefet-toza]*
**coach** una corriera *[kor-yaira]*
**coach party** una comitiva che viaggia in pullman *[kay vee-aj-ja]*
**coach trip** una gita in pullman *[jeeta]*
**coast** la costa; **at the coast** sulla costa *[sool-la]*
**coastguard** la guardia costiera *[gwardee-a kost-yaira]*
**coat** (*overcoat etc*) il cappotto; (*jacket*) la giacca *[jak-ka]*
**coathanger** una gruccia *[groocha]*
**cobbled street** una strada pavimentata con ciottoli *[chot-tolee]*
**cobbler** un calzolaio *[kalzola-yo]*
**cockroach** uno scarafaggio *[skarafaj-jo]*
**cocktail** un cocktail
**cocktail bar** il bar
**cocoa** (*drink*) un cacao *[kaka-o]*
**coconut** una noce di cocco *[nochay]*
**cod** il merluzzo *[mairlootzo]*
**code: what's the (dialling) code for ...?** qual'è il prefisso per ... *[kwalay eel prayfees-so pair]*
**coffee** un caffè *[kaf-fay]*; **white coffee, coffee with milk** un caffellatte *[—lattay]*; **black coffee** un espresso; (*less strong*) un caffè lungo; **two coffees, please** due caffè, per favore
**coin** una moneta
**Coke** (*tm*) una Coca-Cola
**cold** freddo; **I'm cold** ho freddo *[o]*; **I have a cold** ho il raffreddore *[—doray]*

**coldbox** (*for carrying food*) un frigo portatile [*portateelay*]
**cold cream** una crema di bellezza [*belletza*]
**collapse: he's collapsed** ha avuto un collasso [*a avooto*]
**collar** il collo
**collar bone** la clavicola
**colleague: my colleague** il mio collega; **your colleague** il suo collega [*soo-o*]
**collect: I've come to collect ...** sono venuto a prendere ... [*vaynooto a prendairay*]; **I collect ...** (*stamps etc*) colleziono ...; **I want to call Boston collect** vorrei fare una telefonata a Boston a carico del destinatario [*vor-ray faray*]
**collect call** una telefonata a carico del destinatario
**college** un istituto superiore [*eesteetooto soopair-yoray*]
**collision** uno scontro
**cologne** (*eau de ...*) acqua di colonia [*akwa dee kolon-ya*]
**colo(u)r** un colore [*koloray*]; **do you have any other colo(u)rs?** l'avete in altri colori? [*lavaytay*]
**colo(u)r film** un film a colori [*feelm a koloree*]
**comb** un pettine [*pet-teenay*]
**come** venire [*vayneeray*]; **I come from London** vengo da Londra; **where do you come from?** di dove sei? [*dee dovay say*]; **when are they coming?** quando vengono? [*kwando*]; **come here** vieni qui [*v-yenee kwee*]; **come with me** vieni con me [*kon may*]; **come back!** ritorna!; **I'll come back later** torno più tardi [*p-yoo*]; **come in!** avanti!; **it just came off** si è staccato [*ay*]; **he's coming on very well** (*improving*) ha fatto dei grossi progressi [*a fat-to day*]; **it's coming on nicely** si presenta bene [*benay*]; **come on!** andiamo! [*and-yamo*]; **do you want to come out this evening?** vuole uscire questa sera? [*vwolay oosheeray kwesta saira*]; **these two pictures didn't come out** queste due foto non sono venute [*kwestay doo-ay ... vaynootay*]; **the money hasn't come through yet** non sono ancora arrivati i soldi
**comfortable** comodo; **it's not very comfortable** non è molto comodo [*non ay*]
**Common Market** il Mercato Comune [*mairkato komoonay*]
**company** (*firm*) una ditta
**comparison: there's no comparison** non c'è paragone [*non chay paragonay*]
**compartment** (*train*) uno scompartimento
**compass** la bussola [*boos-sola*]
**compensation** il compenso
**complain** lamentarsi; **I want to complain about my room** non sono affatto soddisfatto della stanza [*stantza*]
**complaint** un reclamo [*rayklamo*]
**complete** completo; **the complete set** tutta la serie [*toot-ta la sairee-ay*]; **it's a complete disaster** è un vero disastro [*ay oon vairo*]
**completely** completamente [*—mentay*]
**complicated: it's very complicated** è molto complicato [*ay ... kompleekato*]
**compliment: my compliments to the chef** complimenti al cuoco [*kwoko*]
**comprehensive** (*insurance*) globale [*globalay*]
**compulsory** obbligatorio
**computer** un computer
**concern: we are very concerned** siamo molto preoccupati [*s-yamo molto prayok-koopatee*]
**concert** un concerto [*konchairto*]
**concussion** la commozione cerebrale [*kom-motz-yonay chairay-bralay*]
**condenser** (*car*) il condensatore [*—toray*]
**condition** una condizione [*kondeetz-yonay*]; **it's not in very good condition** non è in buone condizioni [*non ay een bwonay —ee*]
**conditioner** (*for hair*) il balsamo
**condom** un preservativo [*prezairvateevo*]
**conductor** (*rail*) il controllore [*—loray*]
**conference** una conferenza [*konfairentza*]
**confirm: can you confirm that?** può darmene conferma? [*pwo darmaynay konfairma*]
**confuse: it's very confusing** non mi ci ritrovo [*chee*]
**congratulations!** congratulazioni! [*kongratoolatz-yonee*]
**conjunctivitis** la congiuntivite [*konjoonteeveetay*]
**connecting flight** la coincidenza [*ko-eencheedentza*]
**connection** la coincidenza [*ko-eenchee-*

**connoisseur** / **crisis**

dentza]
**connoisseur** un intenditore [—toray]
**conscious** cosciente [koshentay]
**consciousness: he's lost consciousness** ha perso conoscenza [a pairso konoshentza]
**constipation** la stitichezza [steeteeketza]
**consul** il console [konsolay]
**consulate** il consolato
**contact: how can I contact ...?** come posso mettermi in contatto con ...? [komay ... met-tairmee]; **I'm trying to contact ...** sto cercando di mettermi in contatto con ... [chairkando]
**contact lenses** le lenti a contatto
**contraceptive** un contraccettivo [kontrachet-teevo]
**continent: on the continent** nell'Europa continentale [ay-ooropa —alay]
**contract** un contratto
**convenient** comodo
**cook: it's not properly cooked** non è abbastanza cotto [non ay ab-bastantza]; **it's beautifully cooked** è assolutamente delizioso [as-solootamentay dayleetzyozo]; **he's a good cook** è un bravo cuoco [ay oon bravo kwoko]
**cooker** una cucina [koocheena]
**cookie** un biscotto
**cool** fresco
**corduroy** il velluto a coste [vayl-looto a kostay]
**cork** il tappo
**corkscrew** un cavatappi
**corn** (foot) un callo
**corner : on the corner** all'angolo; **in the corner** nell'angolo; **a corner table** un tavolo appartato
**cornflakes** i fiocchi di granturco [f-yokee dee grantoorko]
**coronary** una trombosi coronarica
**correct** esatto; **please correct me if I make a mistake** la prego di correggermi se sbaglio [kor-rejairmee say zbal-yo]
**corridor** il corridoio [kor-reedo-yo]
**corset** un busto [boosto]
**cosmetics** i cosmetici [kozmeteechee]
**cost: what does it cost?** quanto costa? [kwanto]
**cot** un lettino
**cotton** il cotone [kotonay]
**cotton buds** i bastoncini flessibili cotonati [bastoncheenee]

**cotton wool** il cotone idrofilo [kotonay]
**couch** (sofa) un divano
**couchette** una cuccetta [koochet-ta]
**cough** la tosse [tos-say]
**cough drops** le pasticche per la tosse [pasteekay pair la tos-say]
**cough medicine** uno sciroppo per la tosse [sheerop-po pair la tos-say]
**could: could you ...?** (polite) potrebbe ...? [potrayb-bay]; (familiar) potresti ...?, puoi ...? [pwoy]; **could I have ...?** vorrei ... [vor-ray]; **I couldn't go** non potevo andare [potayvo andaray]
**country** un paese [pa-ayzay]; (countryside) la campagna [kampan-ya]; **in the country** in campagna
**countryside** la campagna [kampan-ya]
**couple** (man and woman) una coppia; **a couple of ...** un paio di ... [pa-yo]
**courier** la guida turistica [gweeda tooreestecka]
**course** (of meal) una portata; **of course** naturalmente [natooralmentay]
**court** (law) la corte [kortay]; (tennis) un campo
**courtesy bus** (hotel to airport) l'autobus dell'albergo [lowtoboos del albairgo]
**cousin: my cousin** mio cugino (mia cugina) [mee-o koojeeno]
**cover charge** il coperto [kopairto]
**cow** una mucca [mook-ka]
**crab** un granchio [grank-yo]
**cracked: it's cracked** ha un'incrinatura [—toora]
**cracker** un cracker [krekair]
**craftshop** un negozio di artigianato [naygotz-yo dee arteejanato]
**cramp** (in leg etc) un crampo
**crankshaft** l'albero a gomiti [albairo a]
**crash: there's been a crash** c'è stato un incidente [chay ... eencheedentay]
**crash course** un corso intensivo
**crash helmet** un casco
**crawl** (swimming) il crawl
**crazy** pazzo [patzo]
**cream** la crema; (fresh) la panna; (colour) crema
**cream cheese** del formaggio fresco [formaj-jo]
**creche** un asilo nido
**credit card** la carta di credito
**crib** (for baby) una culla [kool-la]
**crisis** una crisi

**crisps** le patatine *[patateenay]*
**crockery** il vasellame *[vazel-lamay]*
**crook: he's a crook** è un poco di buono *[ay oon ... bwono]*
**crossing** (*by sea*) la traversata *[travairsata]*
**crossroads** un incrocio *[eenkrocho]*
**crosswalk** un passaggio pedonale *[passaj-jo pedonalay]*
**crowd** la folla
**crowded** affollato
**crown** (*on tooth*) una capsula *[kapsoola]*
**crucial: it's absolutely crucial** è assolutamente essenziale *[ay as-solootamentay es-sentz-yalay]*
**cruise** una crociera *[krochaira]*
**crutch** una stampella; (*of body*) l'inforcatura *[—toora]*
**cry** piangere *[p-yanjairay]*; **don't cry** non piangere
**cucumber** un cetriolo *[chetree-olo]*
**cuisine** la cucina *[koocheena]*
**cultural** culturale *[kooltooralay]*
**cup** una tazza *[tatza]*; **a cup of coffee** una tazza di caffè
**cupboard** l'armadio *[armad-yo]*
**cure: have you got something to cure ...?** ha qualcosa contro ...? *[a kwalkoza kontro]*
**curlers** i bigodini
**current** la corrente *[kor-rentay]*
**curry** il curry
**curtains** le tende *[tenday]*
**curve** una curva *[koorva]*
**cushion** un cuscino *[koosheeno]*
**custom** il costume *[kostoomay]*
**Customs** la Dogana
**cut: I've cut myself** mi sono tagliato *[talyato]*; **could you cut a little off here?** può accorciare un po' qui? *[pwo akkorcharay oon po kwee]*; **we were cut off** (*tel*) è caduta la linea *[ay kadoota la leen-ya]*; **the engine keeps cutting out** il motore continua a spegnersi *[motoray konteenoo-a a spen-yairsee]*
**cutlery** le posate *[pozatay]*
**cutlet** una costoletta
**cycle: can we cycle there?** ci si può andare in bicicletta? *[chee see pwo andaray een beecheeklet-ta]*
**cycling** il ciclismo *[cheekleesmo]*
**cyclist** un ciclista *[cheekleesta]*
**cylinder** (*car*) un cilindro *[cheeleendro]*; (*for gas*) una bombola
**cylinder-head gasket** la guarnizione della testata *[gwarneetz-yonay]*
**cynical** cinico *[cheeneeko]*
**cystitis** la cistite *[cheesteetay]*

# D

**damage: you've damaged it** l'hai danneggiato *[la-ee dan-nej-jato]*; **it's damaged** è danneggiato *[ay]*; **there's no damage** non ci sono danni *[chee]*
**damn!** accidenti! *[acheedentee]*
**damp** umido *[oomeedo]*
**dance: do you want to dance?** balla?
**dancer: he's a good dancer** balla bene *[benay]*
**dancing: we'd like to go dancing** vorremmo andare a ballare *[vor-raym-mo andaray a bal-laray]*
**dandruff** la forfora
**Denmark** la Danimarca
**dangerous** pericoloso *[paireekolozo]*
**dare: I don't dare** non oso
**dark** scuro *[skooro]*; **dark blue** blu scuro *[bloo]*; **when does it get dark?** a che ora fa buio? *[a kay ora fa boo-yo]*; **after dark** col buio
**darling** caro; (*to woman*) cara
**darts** le freccette *[frechet-tay]*
**dashboard** il cruscotto *[krooskot-to]*
**date: what's the date?** che giorno è oggi? *[kay jorno ay oj-jee]*; **on what date?** che giorno?; **can we make a date?** possiamo fissare un appuntamento? *[pos-yamo fees-saray oon ap-poontamento]*

**dates** (*to eat*) i datteri [*dat-tairee*]
**daughter: my daughter** mia figlia [*mee-a feel-ya*]
**daughter-in-law** la nuora [*nwora*]
**dawn** l'alba; **at dawn** all'alba
**day** giorno [*jorno*]; **the day after** il giorno dopo; **the day before** il giorno prima; **every day** ogni giorno [*on-yee*]; **one day** un giorno; **can we pay by the day?** possiamo pagare giorno per giorno? [*posyamo pagaray ... pair*]; **have a good day!** buona giornata! [*bwona jornata*]
**daylight robbery** un furto [*foorto*]
**day trip** una gita in giornata [*jeeta een jornata*]
**dead** morto
**deaf** sordo
**deaf-aid** un apparecchio acustico [*apparek-yo akoosteeko*]
**deal** (*business*) un affare [*af-faray*]; **it's a deal** affare fatto; **will you deal with it?** se ne può occupare lei? [*say nay pwo ok-kooparay lay*]
**dealer** (*agent*) un concessionario [*konchess-yonario*]
**dear** caro; **Dear Sir** Egregio Signore [*egrejo seen-yoray*]; **Dear Madam** Gentile Signora [*jenteelay seen-yora*]; **Dear Francesco** Caro Francesco
**death** la morte [*mortay*]
**decadent** decadente [*dekadentay*]
**December** dicembre [*deechembray*]
**decent: that's very decent of you** molto gentile da parte tua [*jenteelay da partay too-a*]
**decide: we haven't decided yet** non abbiamo ancora deciso [*non ab-yamo ... daycheezo*]; **you decide for us** a lei la scelta [*a lay la shelta*]; **it's all decided** è tutto deciso [*ay toot-to*]
**decision** una decisione [*daycheez-yonay*]
**deck** il ponte di coperta [*kopairta*]
**deckchair** una sedia a sdraio [*zdra-yo*]
**declare: I have nothing to declare** non ho niente da dichiarare [*non o nyentay da deek-yararay*]
**decoration** (*in room*) la decorazione [*dekoratz-yonay*]
**deduct** dedurre [*daydoor-ray*]
**deep** profondo; **is it deep?** è profondo? [*ay*]
**deep-freeze** il congelatore [*konjelatoray*]
**definitely** certamente [*chairtamentay*]; **definitely not** assolutamente no [*assolootamentay no*]
**degree** (*university*) la laurea [*lowray-a*]; (*temperature*) un grado
**dehydrated** (*person*) disidratato
**delay: the flight was delayed** il volo ha avuto un ritardo [*a avooto*]
**deliberately** volutamente [*volootamentay*]
**delicacy: a local delicacy** una specialità del luogo [*spechaleeta del lwogo*]
**delicious** delizioso [*dayleetz-yozo*]
**deliver: will you deliver it?** può consegnarlo? [*pwo konsen-yarlo*]
**delivery: is there another mail delivery?** c'è un altro recapito della corrispondenza? [*chay ... —dentza*]
**de luxe** di lusso [*dee loos-so*]
**denims** i jeans
**dent: there's a dent in it** c'è un'ammaccatura [*chay oon —toora*]
**dental floss** il filo per la pulizia dei denti [*pair la pooleetzee-a day*]
**dentist** un dentista
**dentures** una dentiera [*dent-yaira*]
**deny: he denies it** lui lo nega [*loo-ee lo nayga*]
**deodorant** un deodorante [*dayodorantay*]
**department store** un grande magazzino [*granday magatzeeno*]
**departure** la partenza [*partentza*]
**departure lounge** la sala d'attesa delle partenze [*del-lay partentzay*]
**depend: it depends** dipende [*deependay*]; **it depends on ...** dipende da ...
**deposit** (*downpayment*) un acconto
**depressed** depresso [*daypres-so*]
**depth** la profondità [*—deeta*]
**description** una descrizione [*dayskreetz-yonay*]
**deserted** (*beach etc*) deserto [*dayzairto*]
**dessert** un dessert [*dayssair*]
**destination** la destinazione [*desteenatz-yonay*]
**detergent** un detergente [*daytairjentay*]
**detour** una deviazione [*dayvee-atz-yonay*]
**devalued** svalutato [*zvalootato*]
**develop: could you develop these films?** può sviluppare queste pellicole? [*pwo zveeloop-paray kwestay pel-leekolay*]

**diabetic** un diabetico *[dee-abeteeko]*
**diagram** un diagramma *[dee-agram-ma]*
**dialect** un dialetto *[dee-alet-to]*
**dialling code** il prefisso telefonico
**diamond** un diamante *[dee-amantay]*
**diaper** un pannolino
**diarrhoea, diarrhea** la diarrea *[dee-aray-a]*; **do you have something to stop diarrhoea?** avete qualcosa contro la diarrea? *[avaytay kwalkoza]*
**diary** un diario *[dee-ario]*
**dictionary** un dizionario *[deetz-yonario]*; **an Italian/English dictionary** un dizionario italiano/inglese *[eetal-yano/eenglayzay]*
**didn't** *see* **not** *and page 117*
**die** morire *[moreeray]*; **I'm absolutely dying for a drink** sto morendo di sete *[saytay]*
**diesel** (*fuel*) il diesel
**diet** una dieta *[d-yeta]*; **I'm on a diet** sono a dieta
**difference** la differenza *[deef-fairentza]*; **what's the difference between ...?** qual'è la differenza tra ...? *[kwalay]*; **I can't tell the difference** non riesco a distinguere *[non ree-esko a deesteen-gwairay]*; **it doesn't make any difference** è lo stesso *[ay]*
**different: they are different** sono diversi *[deevairsee]*; **they are very different** sono molto diversi; **it's different from this one** è diverso da questo *[ay deevairso da kwesto]*; **may we have a different table?** vorremmo un altro tavolo *[vorraym-mo]*; **ah well, that's different** ah beh, allora è diverso
**difficult** difficile *[deef-feecheelay]*
**difficulty** la difficoltà; **without any difficulty** senza alcuna difficoltà *[sentza alkoona]*; **I'm having difficulties with ...** ho dei problemi con ... *[o day problaymee]*
**digestion** la digestione *[deejest-yonay]*
**dinghy** (*rubber*) un gommone *[gom-monay]*; (*sailing*) un dinghy
**dining car** il vagone ristorante *[vagonay —rantay]*
**dining room** la sala da pranzo *[prantzo]*
**dinner** la cena *[chayna]*
**dinner jacket** lo smoking
**dinner party** una cena *[chayna]*
**dipped headlights** gli anabbaglianti *[anab-bal-yantee]*
**dipstick** l'asta dell'olio *[ol-yo]*
**direct** diretto *[deeret-to]*; **does it go direct?** è diretto? *[ay]*
**direction** la direzione *[deeretz-yonay]*; **in which direction is it?** in quale direzione è? *[kwalay ... ay]*; **is it in this direction?** è in questa direzione? *[een kwesta]*
**directory: telephone directory** la guida del telefono *[gweeda del telefono]*
**directory enquiries** informazioni elenco abbonati *[eenformatz-yonee]*
**dirt** lo sporco
**dirty** sporco
**disabled** invalido
**disagree: it disagrees with me** (*food*) mi rimane sullo stomaco *[mee reemanay sool-lo]*
**disappear** scomparire *[skompareeray]*; **it's just disappeared** è sparito *[ay]*
**disappointed: I was disappointed** sono rimasto deluso *[dayloozo]*
**disappointing** deludente *[dayloodentay]*
**disaster** un disastro
**discharge** (*pus*) la secrezione *[saykretz-yonay]*
**disc jockey** un disc-jockey
**disco** una discoteca
**disco dancing** il ballo da discoteca
**discount** uno sconto
**disease** una malattia *[malat-tee-a]*
**disgusting** rivoltante *[—tantay]*
**dish** un piatto *[p-yat-to]*
**dishcloth** lo strofinaccio per i piatti *[strofeenacho pair ee p-yat-tee]*
**dishonest** disonesto
**dishwashing liquid** il detersivo per piatti *[daytairseevo pair p-yat-tee]*
**disinfectant** un disinfettante *[—tantay]*
**disk** (*of film*) un disco
**dislocated shoulder** una spalla lussata *[loos-sata]*
**dispensing chemist** una farmacia *[farmachee-a]*
**disposable nappies** dei pannolini da buttare via *[boot-taray vee-a]*
**distance** la distanza *[deestantza]*; **what's the distance from ... to ...?** che distanza c'è tra ... e ...? *[kay ... chay]*; **in the distance** in lontananza *[lontanantza]*
**distilled water** l'acqua distillata *[akwa]*
**distributor** (*in car*) il distributore *[deestreebootoray]*

**disturb** 20 **drop**

**disturb: the disco is disturbing us** la discoteca ci disturba [chee deestoorba]
**diversion** (traffic) una deviazione [dayvee-atz-yonay]
**diving board** il trampolino
**divorced** divorziato(a) [deevortz-yato(a)]
**dizzy: I feel dizzy** mi gira la testa [mee jeera]
**dizzy spells** dei capogiri [kapojeeree]
**do** fare [faray]; **what do you do?** (job) che lavoro fa? [kay]; **what shall I do?** cosa devo fare? [dayvo]; **what are you doing tonight?** cosa fai stasera? [fa-ee stasaira]; **how do you do it?** come si fa? [komay]; **will you do it for me?** lo può fare lei per me? [pwo faray lay pair may]; **who did it?** chi è stato? [kee ay]; **the meat's not done** la carne non è cotta [karnay non ay]; **do you have ...?** avete ...? [avaytay]
**docks** il dock
**doctor** un medico; **he needs a doctor** ha bisogno di un medico [a beezon-yo]; **can you call a doctor?** può chiamare un medico? [pwo k-yamaray]
**document** un documento [dokoomento]
**dog** un cane [kanay]
**doll** una bambola
**dollar** un dollaro
**donkey** un asino
**don't!** no!; see page 117
**door** (of room) la porta; (of car) la portiera [port-yaira]
**doorman** il portiere [port-yairay]
**dormobile** (tm) un camper
**dosage** la dose [dozay]
**double: double room** una camera doppia [kamaira]; **double bed** un letto a due piazze [doo-ay p-yatzay]; **double brandy** un brandy doppio; **double r** (in spelling name) doppia r [er-ray]; **it's all double dutch to me** non ne capisco niente [non nay ... n-yentay]
**doubt: I doubt it** ne dubito [nay doobeeto]
**douche** la doccia [docha]
**doughnut** un krapfen
**down: get down!** scendi! [shendee]; **he's not down yet** (out of bed) non si è ancora alzato [non see ay ... altzato]; **further down the road** più avanti su questa strada [p-yoo ... soo kwesta]; **I paid 20% down** ho pagato il 20% come acconto [o ... komay]
**downmarket** (restaurant etc) alla buona [bwona]
**downstairs** al piano di sotto
**dozen** una dozzina [dotzeena]; **half a dozen** una mezza dozzina [metza]
**drain** lo scarico
**draughts** (game) la dama
**draughty: it's rather draughty** c'è parecchia aria [chay parek-ya]
**drawing pin** una puntina da disegno [poonteena da deezen-yo]
**dreadful** terribile [tair-reeb-beelay]
**dream** un sogno [son-yo]; **it's like a bad dream** è come un brutto sogno [ay komay oon broot-to]; **sweet dreams** sogni d'oro [son-yee]
**dress** (woman's) un vestito; **I'll just get dressed** un attimo che mi vesto [kay]
**dressing** (for wound) la fasciatura [fashatoora]; (for salad) il condimento
**dressing gown** la vestaglia [vestal-ya]
**drink** bere [bairay]; (alcoholic) una bibita alcolica; **can I get you a drink?** posso offrirti qualcosa da bere? [kwalkoza]; **I don't drink** non bevo alcolici [non bayvo alkoleechee]; **a long cool drink** un long drink; **may I have a drink of water?** posso avere un po' d'acqua? [avayray ... dakwa]; **drink up!** finisci di bere! [feeneeshee]; **I had too much to drink** ho bevuto troppo [o bayvooto]
**drinkable** (water) potabile [potabeelay]
**drive: we drove here** siamo venuti in macchina [s-yamo vaynootee een makkeena]; **I'll drive you home** ti do un passaggio a casa [pas-saj-jo]; **do you want to come for a drive?** vuoi venire a fare un giro in macchina? [vwoy vayneeray a faray oon jeero]; **is it a very long drive?** ci si sta molto ad arrivarci in macchina? [chee ... ar-reevarchee]; **can you drive?** sa guidare? [gweedaray]
**driver** un autista [owteesta]
**driver's license** la patente [patentay]
**drive shaft** l'albero di trasmissione [albairo dee trasmees-yonay]
**driving licence** la patente [patentay]
**drizzle: it's drizzling** sta piovigginando [p-yoveejeenando]
**drop: just a drop** solo una goccia [gocha]; **I dropped it** mi è caduto [ay kadooto]; **drop in some time** fai un salto a trovarci

**drown**            21            **electric cooker**

*[fa-ee ... trovarchee]*
**drown: he's drowning** sta affogando
**drug** una medicina *[medeecheena]*; (*narcotic*) la droga
**drugstore** una drogeria *[drogairee-a]*
**drunk** ubriaco *[oobree-ako]*
**drunken driving** la guida in stato di ebbrezza *[gweeda ... eb-bretza]*
**dry** secco
**dry-clean** lavare a secco *[lavaray]*
**dry-cleaner** un lavasecco
**duck** un'anatra
**due: when is the bus due?** a che ora dovrebbe passare l'autobus? *[a kay ora dovrayb-bay pas-saray lowtoboos]*
**dumb** muto *[mooto]*; (*stupid*) stupido *[stoopeedo]*
**dummy** (*for baby*) un succhiotto *[sookyot-to]*
**durex** (*tm*) un preservativo *[prezairvateevo]*
**during** durante *[doorantay]*
**dust** la polvere *[polvairay]*
**dustbin** il bidone delle immondizie *[beedonay del-lay eem-mondeetz-yay]*
**Dutch** olandese *[olandayzay]*
**duty-free** (*goods*) esente da tasse *[esentay da tas-say]*
**duty-free shop** il duty free
**duvet** un piumone *[p-yoomonay]*
**dynamo** la dinamo
**dysentery** la dissenteria *[deesentairee-a]*

# E

**each: one for each of us** uno per ciascuno di noi *[chaskoono dee noy]*; **how much are they each?** quanto viene per ciascuno? *[kwanto v-yenay pair]*; **each time** ogni volta *[on-yee]*; **we know each other** ci conosciamo *[chee konoshamo]*
**ear** l'orecchio *[orek-yo]*
**earache** il mal d'orecchi *[orek-kee]*
**early** presto; **early in the morning** di mattina presto; **it's too early** è troppo presto *[ay]*; **a day earlier** un giorno prima *[jorno preema]*; **half an hour earlier** mezz'ora prima *[metzora]*; **I need an early night** devo andare a dormire presto *[dayvo andaray a dormeeray]*
**early riser: I'm an early riser** sono un tipo mattiniero *[mat-teen-yairo]*
**earring** un orecchino *[orek-keeno]*
**earth** (*soil*) la terra *[tair-ra]*
**earthenware** le terraglie *[tair-ral-yay]*
**earwig** una forbicina *[forbeecheena]*
**east** l'est; **to the east** verso est *[vairso]*
**Easter** Pasqua *[paskwa]*
**easy** facile *[facheelay]*; **easy with the cream!** non troppa panna!
**eat** mangiare *[manjaray]*; **something to eat** qualcosa da mangiare *[kwalkoza]*; **we've already eaten** abbiamo già mangiato *[ab-yamo ja manjato]*
**eau-de-Cologne** acqua di colonia *[akwa dee kolon-ya]*
**eccentric** eccentrico *[echentreeko]*
**edible** commestibile *[komesteebeelay]*
**efficient** (*staff*) efficiente *[ef-feechentay]*; (*hotel*) ben organizzato *[organeetzato]*
**egg** un uovo *[wovo]*
**eggplant** una melanzana *[melantzana]*
**Eire** la Repubblica d'Irlanda *[raypoob-bleeka deerlanda]*
**either: either ... or ...** o ... o ...; **I don't like either of them** non mi piace nessuno dei due *[non mee pee-achay nays-soono day doo-ay]*; **either will do** non ha importanza quale *[non a eemportantza kwalay]*
**elastic** elastico
**elastic band** un elastico
**Elastoplast** (*tm*) una garza elastica adesiva *[gartza ... adayzeeva]*
**elbow** il gomito
**electric** elettrico
**electric blanket** una coperta termica *[kopairta tairmeeka]*
**electric cooker** una cucina elettrica *[koo-*

**electric fire** — **ever**

*cheena]*
**electric fire** una stufa elettrica *[stoofa]*
**electrician** un elettricista *[—cheesta]*
**electricity** l'elettricità *[—cheeta]*
**electric outlet** una presa per la corrente *[prayza pair la kor-rentay]*
**elegant** elegante *[elegantay]*
**elevator** l'ascensore *[ashensoray]*
**else: something else** qualcos'altro *[kwalkoz]*; **somewhere else** da qualche altra parte *[kwalkay ... partay]*; **let's go somewhere else** andiamo da qualche altra parte *[and-yamo]*; **anything else?** altro?; **nothing else, thanks** nient'altro, grazie *[n-yent ... gratzee-ay]*
**embarrassed** imbarazzato *[eembaratzato]*
**embarrassing** imbarazzante *[eembaratzantay]*
**embassy** l'ambasciata *[ambashata]*
**emergency** un'emergenza *[emairjentza]*; **this is an emergency** è un'emergenza *[ay]*
**emery board** una limetta
**emotional** (*person*) emotivo
**empty** vuoto *[vwoto]*
**end** la fine *[feenay]*; **at the end of the road** alla fine della strada; **when does it end?** quando finisce? *[kwando feeneeshay]*
**energetic** pieno di energia *[p-yayno dee enairjee-a]*
**energy** l'energia *[enairjee-a]*
**engaged** (*toilet, telephone*) occupato *[okkoopato]*; (*person*) fidanzato *[feedantzato]*
**engagement ring** l'anello di fidanzamento *[feedantzamento]*
**engine** il motore *[motoray]*
**engine trouble** un guasto al motore *[gwasto ... motoray]*
**England** l'Inghilterra *[eenghiltair-ra]*
**English** inglese *[eenglayzay]*; **the English** gli inglesi *[l-yee eenglayzee]*; **I'm English** sono inglese; **do you speak English?** parla inglese?
**Englishman** un inglese *[eenglayzay]*
**Englishwoman** un'inglese *[eenglayzay]*
**enjoy: I enjoyed it very much** mi è piaciuto molto *[mee ay pee-achooto]*; **enjoy yourself!** buon divertimento! *[bwon deevairteemento]*
**enjoyable** piacevole *[pee-achayvolay]*

**enlargement** (*of photo*) un ingrandimento
**enormous** enorme *[enormay]*
**enough** abbastanza *[ab-bastantza]*; **there's not enough ...** non c'è abbastanza ... *[non chay]*; **it's not big enough** non è abbastanza grande *[ay]*; **thank you, that's enough** grazie, basta così *[gratzee-ay ... kozee]*
**entertainment** il divertimento *[deevairteemento]*
**enthusiastic** entusiasta *[entoozee-asta]*
**entrance** l'entrata
**envelope** una busta *[boosta]*
**epileptic** un epilettico
**equipment** l'attrezzatura *[at-tretzatoora]*
**eraser** una gomma
**erotic** erotico
**error** un errore *[er-roray]*
**escalator** la scala mobile *[mobeelay]*
**especially** specialmente *[spechalmentay]*
**espresso** (*coffee*) un espresso
**essential** essenziale *[es-sentz-yalay]*; **it is essential that ...** è essenziale che ... *[ay ... kay]*
**estate agent** una agenzia immobiliare *[ajentzee-a eem-mobeel-yaray]*
**ethnic** (*restaurant etc*) caratteristico *[karattaireesteeko]*
**Eurocheque** un eurocheque *[ay-oorochek]*
**Eurocheque card** una carta eurocheque *[ay-oorochek]*
**Europe** l'Europa *[ay-ooropa]*
**European** europeo *[ay-ooropay-o]*
**European plan** la mezza pensione *[metza pens-yonay]*
**even: even the British** persino gli inglesi *[pairseeno l-yee eenglayzee]*; **even if ...** anche se ... *[ankay say]*
**evening** la sera *[saira]*; **good evening** buonasera *[bwonasaira]*; **this evening** questa sera *[kwesta]*; **in the evening** di sera; **it was a nice evening** è stata una bella serata *[ay ... sairata]*; **evening meal** la cena *[chayna]*
**evening dress** l'abito scuro *[abeeto skooro]*; (*woman's*) l'abito da sera *[saira]*
**eventually** alla fine *[feenay]*
**ever: have you ever been to ...?** è mai stato a ...? *[ay ma-ee]*; **if you ever come to Britain** se dovesse venire in Gran Bretagna *[say doves-say vayneeray ...*

bretan-ya]
**every** ogni [on-yee]; **every day** ogni giorno
**everyone** ognuno [on-yoono]
**everything** tutto [toot-to]
**everywhere** dappertutto [dap-pairtoot-to]
**exact** esatto
**exactly!** esattamente! [—mentay]
**exam** un esame [ezamay]
**example** un esempio [ezemp-yo]; **for example** per esempio [pair]
**excellent** ottimo
**except** eccetto [echet-to]; **except Sunday** eccetto la domenica
**exception** un'eccezione [echetz-yonay]; **as an exception** in via eccezionale [vee-a echetz-yonalay]
**excess** un eccesso [eches-so]
**excess baggage** il bagaglio in eccesso [bagal-yo een eches-so]
**excessive** (bill etc) eccessivo [eches-seevo]; **that's a bit excessive** questo è un po' eccessivo [kwesto ay]
**exchange** (money) il cambio; (telephone) il centralino [chentraleeno]; **in exchange** in cambio
**exchange rate: what's the exchange rate?** qual'è il tasso di cambio? [kwalay]
**exciting** emozionante [emotz-yonantay]
**exclusive** (club etc) esclusivo [eskloo-zeevo]
**excursion** una gita [jeeta]; **is there an excursion to ...?** ci sono gite organizzate per ...? [chee sono jeetay organeetzatay pair]
**excuse me** (to get past etc) permesso [pairmes-so]; (to get attention) mi scusi [mee skoozee]; (apology) chiedo scusa [k-yaydo skooza]
**exhaust** (car) il tubo di scappamento [toobo]
**exhausted** esausto [ezowsto]

**exhibition** una mostra
**exist: does it still exist?** (café etc) esiste ancora? [eseestay]
**exit** l'uscita [oosheeta]
**expect: I expect so** direi di sì [deeray]; **she's expecting** aspetta un bambino
**expensive** caro
**experience: an absolutely unforgettable experience** un'esperienza assolutamente indimenticabile [espairee-entza as-so-lootamentay —kabeelay]
**experienced** esperto [espairto]
**expert** un esperto [espairto]
**expire** scadere [skadairay]; **it's expired** è scaduto [skadooto]
**explain** spiegare [sp-yay-garay]; **would you explain that to me?** me lo può spiegare? [may lo pwo]
**explore** esplorare [—raray]; **I just want to go and explore** voglio andare ad esplorare [vol-yo andaray]
**export** l'esportazione [esportatz-yonay]
**exposure meter** l'esposimetro
**express** (mail) espresso
**extra: can we have an extra chair?** possiamo avere ancora una sedia? [pos-yamo avayray]; **is that extra?** si paga un supplemento? [sooplaymento]
**extraordinary** straordinario [stra-ordee-nario]
**extremely** estremamente [—mentay]
**extrovert** un estroverso [estrovairso]
**eye** un occhio [ok-yo]; **will you keep an eye on it for me?** ci puoi dare tu un'occhiata per me? [chee pwoy daray too oon ok-yata pair may]
**eyebrow** un sopracciglio [—cheel-yo]
**eyebrow pencil** una matita per sopracciglia [pair —cheel-ya]
**eye drops** un collirio
**eyeliner** un eye-liner
**eye shadow** un ombretto
**eye witness** un testimone oculare [tes-teemonay okoolaray]

# F

**fabulous** favoloso
**face** la faccia *[facha]*
**face mask** (*diving*) una maschera *[maskay-ra]*
**face pack** una maschera di bellezza *[maskay-ra dee bel-letza]*
**facilities: the hotel's facilities are excellent** l'albergo offre tutte le comodità *[lalbairgo of-fray toot-tay]*
**facing: facing the sea** rivolto verso il mare *[reevolto vairso eel maray]*
**fact** un fatto
**factory** una fabbrica
**Fahrenheit** *see page 121*
**faint: she's fainted** è svenuta *[ay zvaynoota]*; **I think I'm going to faint** mi sento svenire *[zvayneeray]*
**fair** (*fun-*) il luna park *[loona]*; (*commercial*) la fiera *[f-yaira]*; **it's not fair** non è giusto *[non ay joosto]*; **OK, fair enough** OK, va bene *[benay]*
**fake** un falso
**fall: he's had a fall** è caduto *[ay kadooto]*; **he fell off his bike** è caduto dalla bicicletta *[beecheeklet-ta]*; **in the fall** (*autumn*) in autunno *[owtoono]*
**false** falso
**false teeth** una dentiera *[dent-yaira]*
**family** la famiglia *[fameel-ya]*
**family hotel** un albergo per famiglie *[albairgo pair fameel-yay]*
**family name** il cognome *[kon-yomay]*
**famished: I'm famished** sto morendo di fame *[famay]*
**famous** famoso
**fan** (*mechanical*) un ventilatore *[venteelatoray]*; (*hand held*) un ventaglio *[vental-yo]*; (*football*) un tifoso
**fan belt** la cinghia della ventola *[cheeng-ya]*
**fancy: he fancies you** gli piaci *[l-yee pee-achee]*
**fancy dress** un costume *[kostoomay]*

**fantastic** fantastico
**far** lontano; **is it far?** è lontano? *[ay]*; **how far is it to ...?** quanto dista ...? *[kwanto deesta]*; **as far as I'm concerned** per quanto mi riguarda *[pair kwanto mee reegwarda]*
**fare:** il prezzo del biglietto *[pretzo del beel-yet-to]*; **what's the fare to ...?** quanto costa il biglietto per ...? *[kwanto ... pair]*
**farewell party** una festa d'addio *[dad-dee-o]*
**farm** una fattoria *[fat-toree-a]*
**farther** più lontano *[p-yoo]*; **farther than ...** più lontano di ...
**fashion** la moda
**fashionable** di moda
**fast** veloce *[vaylochay]*; **not so fast** piano!
**fastener** (*on clothes etc*) la chiusura *[k-yoozoora]*
**fat** grasso; (*on meat*) il grasso
**father: my father** mio padre *[mee-o padray]*
**father-in-law** il suocero *[swochairo]*
**fathom** un braccio (*1,83 m*) *[bracho]*
**fattening: it's fattening** fa ingrassare *[eengras-saray]*
**faucet** un rubinetto *[roobeenet-to]*
**fault** un difetto; **it was my fault** è stata colpa mia *[ay ... mee-a]*; **it's not my fault** non è colpa mia *[non]*
**faulty** difettoso
**favo(u)rite** preferito *[prayfaireeto]*; **that's my favourite** è quello che preferisco *[ay kwel-lo kay prayfaireesko]*
**fawn** (*colour*) fulvo *[foolvo]*
**February** febbraio *[feb-bra-yo]*
**fed up: I'm fed up!** sono stufo *[stoofo]*; **I'm fed up with ...** sono stufo di ...
**feeding bottle** il biberon *[beebairon]*
**feel: I feel hot/cold** ho caldo/freddo *[o]*; **I feel like ...** ho voglia di ... *[vol-ya]*; **I don't feel like it** non ne ho voglia *[non*

**felt-tip (pen)**     25     **fish**

*nay]*; **how are you feeling today?** come si sente oggi? *[komay see sentay oj-jee]*; **I'm feeling a lot better** mi sento molto meglio *[mayl-yo]*
**felt-tip (pen)** un pennarello
**fence** uno steccato
**fender** (*of car*) la fiancata *[f-yankata]*
**ferry** il traghetto; **what time's the last ferry?** a che ora è l'ultimo traghetto? *[kay ora ay]*
**festival** un festival
**fetch: I'll go and fetch it** vado a prenderlo io *[prendairlo ee-o]*; **will you come and fetch me?** passi a prendermi? *[prendairmee]*
**fever** la febbre *[feb-bray]*
**feverish: I'm feeling feverish** devo avere la febbre *[dayvo avayray la feb-bray]*
**few: only a few** non troppi; **a few minutes** pochi minuti *[po-kee meenootee]*; **he's had a good few** (*to drink*) ha bevuto parecchio *[a bayvooto parek-yo]*
**fiancé: my fiancé** il mio fidanzato *[mee-o feedantzato]*
**fiancée: my fiancée** la mia fidanzata *[mee-a feedantzata]*
**fiasco: what a fiasco!** che fiasco! *[kay]*
**fiddle: it's a fiddle** è una truffa *[ay oona troofa]*
**field** un campo
**fifty-fifty** metà metà *[mayta]*
**fight** una lite *[leetay]*
**figs** i fichi *[feekee]*
**figure** una figura *[feegoora]*; (*number*) una cifra *[cheefra]*; **I have to watch my figure** devo pensare alla linea *[dayvo pensaray al-la leen-ya]*
**fill** riempire *[ree-empeeray]*; **fill her up please** il pieno, per favore *[p-yayno pair favoray]*; **will you help me fill out this form?** può aiutarmi a compilare questo modulo? *[pwo a-yootarmee a kompeelaray kwesto modoolo]*
**fillet** un filetto
**filling** (*food*) sostanzioso *[sostantz-yozo]*; (*in tooth*) un'otturazione *[ot-tooratz-yonay]*
**filling station** una stazione di rifornimento *[statz-yonay]*
**film** (*phot*) una pellicola; (*movie*) film *[feelm]*; **do you have this type of film?** avete questo tipo di pellicola? *[avaytay kwesto]*; **16mm film** una pellicola a 16mm *[a saydeechee meel-leemetree]*; **35mm film** una pellicola a 35mm *[a trentacheenkway]*
**film processing** lo sviluppo della pellicola *[zveeloop-po]*
**filter** un filtro
**filter-tipped** con filtro
**filthy** lurido *[looreedo]*
**find** trovare *[trovaray]*; **I can't find it** non lo trovo; **if you find it** se lo trova *[say]*; **I've found a ...** ho trovato un ... *[o]*
**fine: it's fine weather** il tempo è bello *[ay]*; **a 15,000 lire fine** una multa di 15.000 lire *[moolta]*; **thank you, that's fine** (*to waiter etc*) grazie, va bene così *[gratzee-ay va benay kozee]*; **that's fine by me** per me va bene *[pair may]*; **how are you? — fine thanks** come sta? — bene grazie *[gratzee-ay]*
**finger** un dito
**fingernail** un'unghia *[oong-ya]*
**finish: I haven't finished** non ho finito *[non o]*; **when I've finished** quando ho finito *[kwando]*; **when does it finish?** quando finisce? *[feeneeshay]*; **finish off your drink** finisci di bere *[feeneeshee dee bairay]*
**Finland** Finlandia
**fire: fire!** al fuoco! *[fwoko]*; **may we light a fire here?** si possono accendere fuochi qui? *[achendairay fwokee kwee]*; **it's on fire** ha preso fuoco *[a prayzo]*; **it's not firing properly** ha problemi di accensione *[a ... achens-yonay]*
**fire alarm** l'allarme antincendio *[alarmay anteenchend-yo]*
**fire brigade, fire department** i vigili del fuoco *[veejeelee del fwoko]*
**fire escape** la scala di sicurezza *[seekooretza]*
**fire extinguisher** un estintore *[esteentoray]*
**firm** (*company*) una ditta
**first** primo *[preemo]*; **I was first** ero il primo *[airo]*; **at first** all'inizio *[eeneetz-yo]*; **this is the first time** questa è la prima volta *[kwesta ay]*
**first aid** il pronto soccorso
**first aid kit** la cassetta di pronto soccorso
**first class** (*travel*) in prima classe *[klassay]*
**first name** il nome *[nomay]*
**fish** un pesce *[peshay]*; **fish and chips** pesce e patatine fritte *[ay patateenay*

**fisherman**            26            **foreign**

f*reet-tay]*
**fisherman** un pescatore *[peskatoray]*
**fishing** la pesca
**fishing boat** un peschereccio *[peskairecho]*
**fishing net** una rete da pesca *[raytay]*
**fishing rod** una canna da pesca
**fishing tackle** l'attrezzatura da pesca *[attretzatoora]*
**fishing village** un villaggio di pescatori *[veel-laj-jo]*
**fit** (*healthy*) in forma; **I'm not very fit** non mi sento molto in forma; **a keep fit fanatic** uno sportivo *[—teevo]*, **it doesn't fit** non va
**fix: can you fix it?** (*arrange*) può occuparsene lei? *[pwo ok-kooparsaynay lay]*; (*repair*) può ripararlo?; **let's fix a time** fissiamo un'ora *[fees-yamo]*; **it's all fixed up** è tutto deciso *[ay toot-to daycheezo]*; **I'm in a bit of a fix** sono un po' nei guai *[nay gwa-ee]*
**fizzy** frizzante *[freetzantay]*
**fizzy drink** una bibita frizzante *[freetzantay]*
**flab** (*on body*) la ciccia *[cheecha]*
**flag** una bandiera *[band-yaira]*
**flannel** (*for washing*) una pezzuola *[petzwola]*
**flash** (*phot*) un flash
**flashcube** un flash
**flashlight** una lampadina tascabile *[taskabeelay]*
**flashy** (*clothes*) vistoso
**flat** piatto *[p-yat-to]*; **this beer is flat** questa birra non è più gassata *[kwesta ... non ay p-yoo]*; **I've got a flat (tyre)** ho una gomma a terra *[o ... tair-ra]*; (*apartment*) un appartamento
**flatterer** un adulatore *[adoolatoray]*
**flatware** (*cutlery*) le posate *[posatay]*; (*plates*) i piatti *[p-yat-tee]*
**flavo(u)r** il sapore *[saporay]*
**flea** una pulce *[poolchay]*
**flea powder** la polvere contro le pulci *[polvairay ... poolchee]*
**flexible** flessibile *[fles-seebeelay]*
**flies** (*on trousers*) la chiusura *[k-yoozoora]*
**flight** il volo
**flippers** le pinne *[peen-nay]*
**flirt** flirtare *[fleertaray]*
**float** galleggiare *[gal-lej-jaray]*
**flood** un'inondazione *[eenondatz-yonay]*

**floor** (*of room*) il pavimento; (*storey*) il piano; **on the floor** sul pavimento *[sool]*; **on the second floor** (*UK*) al secondo piano; (*US*) al primo piano
**floorshow** uno spettacolo di varietà *[varee-ayta]*
**flop** (*failure*) un fiasco
**Florence** Firenze *[feerentzay]*
**florist** un fioraio *[f-yora-yo]*
**flour** la farina
**flower** un fiore *[f-yoray]*
**flu** l'influenza
**fluent: he speaks fluent Italian** parla l'italiano correntemente *[kor-rentementay]*
**fly** volare *[volaray]*; **can we fly there?** ci si può arrivare in aereo? *[chee see pwo arreevaray een a-airay-o]*
**fly** (*insect*) una mosca
**fly spray** un insetticida *[eensetteecheeda]*
**foggy: it's foggy** c'è nebbia *[chay]*
**fog light** il faro antinebbia
**folk dance** una danza folcloristica *[dantza]*
**folk music** la musica folk *[moozeeka]*
**follow** seguire *[say-gweeray]*; **follow me** mi segua *[mee say-gwa]*
**fond: I'm quite fond of ...** mi piace parecchio ... *[mee pee-achay parek-yo]*
**food** il cibo *[cheebo]*; **the food's excellent** il cibo è ottimo *[ay]*
**food poisoning** un'intossicazione alimentare *[eentos-seekatz-yonay —mentaray]*
**food store** un negozio di generi alimentari *[naygotz-yo dee jenairee —mentaree]*
**fool** uno sciocco *[shok-ko]*
**foolish** sciocco *[shok-ko]*
**foot** un piede *[p-yayday]*; **on foot** a piedi *[a p-yaydee]*; *see page 119*
**football** il calcio *[kalcho]*; (*ball*) un pallone *[pal-lonay]*
**for: is that for me?** è per me? *[ay pair may]*; **what's this for?** a cosa serve? *[sairvay]*; **for two days** (*rent etc*) per due giorni *[pair doo-ay jornee]*; **I've been here for a week** sono qui da una settimana *[kwee]*; **a bus for ...** un autobus per ... *[owtoboos pair]*
**forbidden** vietato *[vee-aytato]*
**forehead** la fronte *[frontay]*
**foreign** straniero *[stran-yairo]*

**foreigner** uno straniero *[stran-yairo]*
**foreign exchange** il cambio
**forest** una foresta
**forget** dimenticare *[deementeekaray]*; **I forget, I've forgotten** dimentico, ho dimenticato *[o]*; **don't forget** non dimenticare
**fork** una forchetta *[forket-ta]*; (*in road*) una biforcazione *[beeforkatz-yonay]*
**form** (*document*) un modulo *[modoolo]*
**formal** (*person*) formale *[formalay]*; (*dress*) da cerimonia *[chaireemon-ya]*
**fortnight** due settimane *[doo-ay setteemanay]*
**fortunately** fortunatamente *[for-toonanamentay]*
**fortune-teller** una chiromante *[keeromantay]*
**forward: could you forward my mail?** potrebbe inoltrare la mia corrispondenza? *[potrayb-bay eenoltraray la mee-a kor-reespondentza]*
**forwarding address** un nuovo recapito *[nwovo]*
**foundation cream** il fondo tinta
**fountain** una fontana
**foyer** (*of theatre etc*) il foyer
**fracture** una frattura *[frat-toora]*
**fractured skull** una frattura del cranio *[frat-toora]*
**fragile** fragile *[frajeelay]*
**frame** (*picture*) una cornice *[korneechay]*
**France** la Francia *[francha]*
**fraud** una truffa *[troofa]*
**free** (*no charge*) gratuito *[gratoo-eeto]*; (*no constraints*) libero *[leebairo]*; **admission free** ingresso gratuito
**freeway** l'autostrada *[owtostrada]*
**freezer** il freezer *[freetzair]*
**freezing cold: it's freezing cold** fa un freddo cane *[kanay]*
**French** francese *[franchayzay]*
**French fries** le patatine fritte *[patateenay freet-tay]*
**Frenchman** un francese *[franchayzay]*
**Frenchwoman** una francese *[franchayzay]*
**frequent** frequente *[fraykwentay]*
**fresh** fresco; **don't get fresh with me** non fare lo sfacciato *[non faray lo sfachato]*
**fresh orange juice** una spremuta d'arancia *[spraymoota darancha]*
**friction tape** un nastro isolante *[eezolantay]*
**Friday** venerdì *[venairdee]*
**fridge** il frigo
**fried egg** un uovo fritto *[wovo]*
**friend** un amico (un'amica)
**friendly** cordiale *[—alay]*
**frog** una rana
**from: I'm from London** sono di Londra; **from here to the beach** da qui alla spiaggia *[kwee al-la sp-yaj-ja]*; **the next boat from ...** la prossima nave proveniente da ... *[navay provaynyentay]*; **as from Tuesday** da martedì *[martaydee]*
**front** il davanti; **in front** davanti; **in front of us** davanti a noi *[noy]*; **at the front** sul davanti *[sool]*
**frost** il gelo
**frostbite** un congelamento
**frozen** ghiacciato *[g-yachato]*
**frozen food** cibi surgelati *[cheebee soorjaylatee]*
**fruit** della frutta *[froot-ta]*
**fruit juice** un succo di frutta *[sook-ko dee froot-ta]*
**fruit machine** una slot-machine
**fruit salad** una macedonia di frutta *[machaydon-ya dee froot-ta]*
**frustrating: it's very frustrating** è molto scoraggiante *[ay ... skor-raj-jantay]*
**fry** friggere *[freej-jairay]*; **nothing fried** niente fritti *[n-yentay]*
**frying pan** una padella
**full** pieno *[p-yayno]*; **it's full of ...** è pieno di ... *[ay]*; **I'm full** sono pieno
**full-board** la pensione completa *[pensyonay]*
**full-bodied** (*wine*) corposo
**fun: it's fun** è divertente *[ay deevairtentay]*; **it was great fun** è stato molto divertente; **just for fun** tanto per divertirsi *[pair deevairteersee]*; **have fun!** buon divertimento *[bwon deevairteemento]*
**funeral** un funerale *[foonairalay]*
**funny** (*strange*) strano; (*comical*) buffo *[boof-fo]*
**furniture** i mobili
**further** più avanti *[p-yoo]*; **2 kilometres further** 2 chilometri più avanti; **further down the road** più avanti sulla stessa strada *[sool-la]*
**fuse** un fusibile *[foozeebeelay]*; **the lights have fused** sono saltate le valvole *[salta-*

tay lay valvolay]
**fuse wire** un filo

**future** il futuro *[footooro]*; **in future** in futuro

# G

**gale** una bufera *[boofaira]*
**gallon** un gallone *[gal-lonay]*; *see page 121*
**gallstone** un calcolo biliare *[beel-yaray]*
**gamble** giocare d'azzardo *[jokaray datzardo]*; **I don't gamble** non gioco d'azzardo *[joko]*
**game** (*sport*) una partita; (*meat*) la selvaggina *[selvaj-jeena]*
**games room** la sala giochi *[jokee]*
**gammon** il prosciutto affumicato *[proshoot-to af-foomeekato]*
**garage** un garage *[garaj]*; (*for fuel*) un distributore di benzina *[deestreebootoray dee bentzeena]*
**garbage** la spazzatura *[spatzatoora]*
**garden** un giardino *[jardeeno]*
**garlic** l'aglio *[al-yo]*
**gas** il gas; (*gasoline*) la benzina *[bentzeena]*
**gas cylinder** una bombola del gas
**gasket** una guarnizione *[gwarneetzyonay]*
**gas pedal** l'acceleratore *[achelairatoray]*
**gas permeable** (*lenses*) permeabile ai gas *[pairmay-abeelay a-ee]*
**gas station** un distributore di benzina *[deestreebootoray dee bentzeena]*
**gas tank** il serbatoio della benzina *[sairbato-yo della bentzeena]*
**gastroenteritis** la gastroenterite *[gastroentaireetay]*
**gate** un cancello *[kanchel-lo]*; (*at airport*) l'uscita *[oosheeta]*
**gauge** (*fuel etc*) la spia *[spee-a]*
**gay** (*homosexual*) un gay
**gear** (*car*) il cambio; (*equipment*) l'attrezzatura *[at-tretzatoora]*; **the gears stick** il cambio è duro *[ay dooro]*
**gearbox: I have gearbox trouble** c'è qualcosa che non va alla scatola del cambio *[chay kwalkoza kay]*
**gear lever, gear shift** la leva del cambio

**general delivery** il fermo posta *[fairmo]*
**generous: that's very generous of you** è molto generoso da parte tua *[ay molto jenairozo da partay too-a]*
**Genoa** Genova *[jen—]*
**gentleman: that gentleman over there** quel signore laggiù *[kwel seen-yoray laj-joo]*; **he's such a gentleman** è un tale gentiluomo *[ay oon talay jenteel-womo]*
**gents** la toilette (degli uomini) *[twalet del-yee wo-meenee]*
**genuine** autentico *[owtenteeko]*
**German** tedesco
**Germany** la Germania
**get: have you got ...?** avete ...? *[avaytay]*; **how do I get to ...?** come si arriva a ...? *[komay]*; **where do I get them from?** dove li posso trovare? *[dovay ... trovaray]*; **can I get you a drink?** posso offrirle qualcosa da bere? *[of-freerlay kwalkoza da bairay]*; **will you get me ...?** può prendermi ...? *[pwo prendairmee]*; **will you get it for me?** me lo puoi prendere tu? *[may lo pwoy prendairay too]*; **when do we get there?** quando ci arriviamo? *[kwando chee ar-reev-yamo]*; **I've got to go** devo andare *[dayvo andaray]*; **where do I get off?** dove devo scendere? *[dovay ... shendairay]*; **it's difficult to get to** è difficile arrivarci *[ay deefeecheelay ar-reevarchee]*; **when I get up** (*in morning*) quando mi alzo *[mee altzo]*
**ghastly** abominevole *[abomeenayvolay]*
**ghost** un fantasma
**giddy: it makes me giddy** mi fa venir le vertigini *[mee fa vayneer lay vairteejeenee]*
**gift** un regalo
**gigantic** gigantesco *[jeegantesko]*
**gin** il gin; **a gin and tonic** un gin-tonic
**girl** una ragazza *[ragatza]*

**girlfriend: his girlfriend** la sua ragazza *[soo-a ragatza]*
**give** dare *[daray]*; **will you give me ...?** mi può dare ...? *[mee pwo]*; **I gave it to him** l'ho dato a lui *[lo ... loo-ee]*; **I'll give you 10,000 lire** le darò 10.000 lire *[lay daro ... leeray]*; **will you give it back?** lo restituirà? *[resteetoo-eera]*; **will you give this to ...?** può dare questo a ...?
**glad** contento; **I'm so glad** sono così contento *[kozee]*
**glamorous** affascinante *[af-fasheenantay]*
**gland** una ghiandola *[g-yandola]*
**glandular fever** la mononucleosi *[mononooklay-ozee]*
**glass** *(substance)* il vetro; *(drinking)* un bicchiere *[beek-yairay]*; **a glass of water** un bicchiere d'acqua
**glasses** gli occhiali *[ok-yalee]*
**gloves** i guanti *[gwantee]*
**glue** la colla
**gnat** un moscerino *[moshaireeno]*
**go** andare *[andaray]*; **we want to go to ...** vogliamo andare a ... *[vol-yamo]*; **I'm going there tomorrow** ci vado domani *[chee]*; **when does it go** *(leave)*? a che ora parte? *[ah kay ora partay]*; **where are you going?** dove stai andando? *[dovay sta-ee]*; **let's go** andiamo *[and-yamo]*; **he's gone** *(left)* se n'è andato *[say nay]*; **it's all gone** non c'è piu niente *[non chay p-yoo n-yentay]*; **I went there yesterday** ci sono andato ieri *[chee ... yairee]*; **a hotdog to go** un hot-dog da portar via *[vee-a]*; **go away!** vattene! *[vataynay]*; **the milk has gone off** il latte è andato a male *[lat-tay ay ... malay]*; **we're going out tonight** stasera usciamo *[stasaira ooshamo]*; **do you want to go out tonight?** vuoi uscire stasera? *[vwoy oosheeray]*; **has the price gone up?** è aumentato il prezzo? *[ay owmentato eel pretzo]*
**goal** *(sport)* un goal
**goat** una capra
**goat's cheese** il formaggio di capra *[formaj-jo]*
**God** Dio *[dee-o]*
**goggles** *(ski)* gli occhiali da sci *[ok-yalee da shee]*
**gold** l'oro
**golf** il golf
**golf clubs** le mazze da golf *[matzay]*
**golf course** un campo di golf
**gondolier** il gondoliere *[gondol-yairay]*
**good** buono *[bwono]*; **good!** bene! *[benay]*; **that's no good** quello non va bene *[kwel-lo]*; **good heavens!** santo cielo! *[chelo]*
**goodbye** arrivederci *[ar-reevaydairchee]*
**good-looking** bello
**gooey** *(food etc)* attaccaticcio *[at-tak-kateecho]*
**goose** un'oca
**gooseberries** l'uva spina *[oova]*
**gorgeous** stupendo *[stoopendo]*
**gourmet** un buongustaio *[bwongoostayo]*
**gourmet food** la buona cucina *[bwona koocheena]*
**government** il governo *[govairno]*
**gradually** gradualmente *[gradooalmentay]*
**grammar** la grammatica
**gram(me)** un grammo
**granddaughter** la nipote *[neepotay]*
**grandfather** il nonno
**grandmother** la nonna
**grandson** il nipote *[neepotay]*
**grapefruit** un pompelmo
**grapefruit juice** un succo di pompelmo *[sook-ko]*
**grapes** l'uva *[oova]*
**grass** l'erba *[airba]*
**grateful** grato; **I'm very grateful to you** le sono molto grato *[lay]*
**gravy** il sugo *[soogo]*
**gray** grigio *[greejo]*
**grease** il grasso
**greasy** *(cooking)* grasso
**great** grande *[granday]*; *(very good)* stupendo *[stoopendo]*; **that's great!** stupendo!
**Great Britain** la Gran Bretagna *[bretanya]*
**Greece** la Grecia *[grecha]*
**greedy** *(for food)* goloso
**Greek** greco
**green** verde *[vairday]*
**green card** *(insurance)* la carta verde *[vairday]*
**greengrocer** il fruttivendolo *[frootteevendolo]*
**grey** grigio *[greejo]*
**grilled** alla griglia *[greel-ya]*
**gristle** *(on meat)* la cartilagine *[kar-teelajeenay]*

**grocer** un negozio di alimentari *[naygotzyo]*
**ground** la terra *[tair-ra]*; **on the ground** per terra *[pair]*; **on the ground floor** al piano terra
**ground beef** la carne macinata *[karnay macheenata]*
**group** un gruppo *[groop-po]*
**group insurance** l'assicurazione collettiva *[as-seekooratz-yonay]*
**group leader** il capogruppo *[—grooppo]*
**guarantee** una garanzia *[—tzee-a]*; **is it guaranteed?** è garantito? *[ay]*
**guardian** il tutore (la tutrice) *[tootoray, tootreechay]*
**guest** l'ospite *[ospeetay]*
**guesthouse** una pensione *[pens-yonay]*
**guest room** la stanza degli ospiti *[stantza del-yee ospeetee]*
**guide** (*tourist*) la guida *[gweeda]*
**guidebook** una guida *[gweeda]*
**guilty** colpevole *[kolpayvolay]*
**guitar** una chitarra *[keetar-ra]*
**gum** (*in mouth*) la gengiva *[jenjeeva]*
**gun** una pistola; (*rifle*) un fucile *[foocheelay]*
**gymnasium** una palestra
**gyn(a)ecologist** un ginecologo *[jeenekologo]*

# H

**hair** i capelli
**hairbrush** una spazzola per capelli *[spatzola pair]*
**haircut** un taglio di capelli *[tal-yo]*; **just an ordinary haircut please** un normale taglio, per favore *[normalay ... pair favoray]*
**hairdresser** il parrucchiere *[par-rookyairay]*
**hairdryer** un föhn *[furn]*
**hair foam** la schiuma per capelli *[skyooma pair]*
**hair gel** il gel per capelli *[jel pair]*
**hair grip** un fermacapelli *[fairma-kapellee]*
**hair lacquer** la lacca per capelli *[pair]*
**half** la metà *[mayta]*; **half an hour** mezz'ora *[metzora]*; **a half portion** una mezza porzione *[metza portz-yonay]*; **half a litre** mezzo litro *[metzo]*; **half as much** metà di quello *[kwel-lo]*; **half as much again** ancora metà; *see page 118*
**halfway: halfway to Rome** a metà strada da Roma *[mayta]*
**ham** il prosciutto *[proshoot-to]*
**hamburger** un hamburger *[amboorgher]*
**hammer** un martello
**hand** una mano; **will you give me a hand?** mi dai una mano? *[mee da-ee]*
**handbag** una borsetta
**hand baggage** il bagaglio a mano *[bagalyo]*
**handbrake** il freno a mano *[frayno]*
**handkerchief** un fazzoletto *[fatzolet-to]*
**handle** (*door*) la maniglia *[maneel-ya]*; (*cup*) il manico; **will you handle it?** se ne può occupare lei? *[say nay pwo ok-kooparay lay]*
**hand luggage** il bagaglio a mano *[bagalyo]*
**handmade** fatto a mano
**handsome** attraente *[at-tra-entay]*
**hanger** (*for clothes*) una gruccia *[groocha]*
**hangover** i postumi della sbornia *[postoomee del-la zborn-ya]*; **I've got a terrible hangover** ho un terribile mal di testa *[o oon tair-reebeelay]*
**happen** succedere *[soochay-dairay]*; **how did it happen?** com'è successo? *[komay sooches-so]*; **what's happening?** cosa sta succedendo? *[soochedendo]*; **it won't happen again** non si ripeterà *[reepetaira]*
**happy** felice *[fayleechay]*; **we're not happy with the room** non siamo soddisfatti della stanza *[non s-yamo]*

**harbo(u)r** il porto
**hard** duro *[dooro]*; (*difficult*) difficile *[deef-feecheelay]*
**hard-boiled egg** un uovo sodo *[wovo]*
**hard lenses** le lenti rigide *[reejeeday]*
**hardly** a mala pena; **hardly ever** quasi mai *[kwazee ma-ee]*
**hardware store** un negozio di ferramenta *[naygotz-yo dee fairamenta]*
**harm** il male *[malay]*
**hassle: it's too much hassle** è un po' un problema *[ay oon ... problayma]*; **a hassle-free holiday** una vacanza spensierata *[vakantza spens-yairata]*
**hat** un cappello
**hatchback** (*car*) una macchina familiare *[mak-keena fameel-yaray]*
**hate: I hate ...** detesto ... *[daytesto]*
**have** avere *[avayray]*; **do you have ...?** avete ...? *[avaytay]*; **can I have ...?** vorrei ... *[vor-ray]*; **can I have some water?** posso avere un po' d'acqua? *[avayray ... dakwa]*; **I have ...** ho ... *[o]*; **I don't have ...** no ho ... *[non o]*; **can we have breakfast in our room?** potremmo fare colazione in camera? *[potraym-mo faray kolatz-yonay een kamaira]*; **have another** (*drink etc*) prendine ancora uno *[prendeenay]*; **I have to leave early** devo andarmene presto *[dayvo andarmaynay]*; **do I have to ...?** devo ...? *[dayvo]*; **do we have to ...?** dobbiamo ...? *[dob-yamo]*; *see page 113*
**hay fever** la febbre da fieno *[feb-bray da f-yayno]*
**he** lui *[loo-ee]*; **is he here?** è qui? *[ay kwee]*; **he's arriving tomorrow** arriva domani; *see page 109*
**head** la testa; **we're heading for Rome** siamo diretti a Roma *[s-yamo]*
**headache** il mal di testa
**headlight** un faro
**headphones** le cuffie *[koof-fee-ay]*
**head waiter** il capocameriere *[—kamair-yairay]*
**head wind** il vento di prua *[proo-a]*
**health** la salute *[salootay]*; **your health!** alla vostra salute!
**healthy** sano
**hear: can you hear me?** mi senti?; **I can't hear you** non riesco a sentirti *[non ree-esko a senteertee]*; **I've heard about it** ne ho sentito parlare *[nay o ... parlaray]*

**hearing aid** un apparecchio acustico *[ap-parek-yo akoosteeko]*
**heart** il cuore *[kworay]*
**heart attack** un infarto
**heat** il caldo; **not in this heat!** non con questo caldo! *[kwesto]*
**heater** (*in car*) il riscaldamento
**heating** il riscaldamento
**heat rash** un'infiammazione cutanea dovuta al caldo *[eenf-yamatz-yonay kootanay-a dovoota]*
**heat stroke** un colpo di calore *[kaloray]*
**heatwave** un'ondata di caldo
**heavy** pesante *[pezantay]*
**hectic** frenetico
**heel** (*of foot*) il tallone *[tal-lonay]*; (*of shoe*) il tacco; **could you put new heels on these?** può rifare i tacchi a queste scarpe? *[pwo reefaray ee tak-kee a kwestay skarpay]*
**heelbar** riparazione scarpe *[reeparatz-yonay skarpay]*
**height** l'altezza *[altetza]*
**helicopter** un elicottero *[eleekot-tairo]*
**hell: oh hell!** maledizione! *[malay-deetz-yonay]*; **go to hell!** va all'inferno! *[eenfairno]*
**hello!** buongiorno *[bwonjorno]*; (*on phone*) pronto
**helmet** (*motorcycle*) il casco
**help** aiutare *[a-yootaray]*; **can you help me?** mi puoi aiutare? *[pwoy]*; **thanks for your help** grazie dell'aiuto *[gratzee-ay del a-yooto]*; **help!** aiuto!
**helpful: he was very helpful** mi è stato di grande aiuto *[ay ... granday a-yooto]*; **that's helpful of you** gentile da parte sua *[jenteelay da partay soo-a]*
**helping** (*of food*) una porzione *[portz-yonay]*
**hepatitis** l'epatite *[epateetay]*
**her: I don't know her** non la conosco; **will you send it to her?** glielo può mandare? *[yay-lo pwo mandaray]*; **it's her** è lei *[ay lay]*; **with her** con lei; **for her** per lei *[pair]*; **that's her suitcase** quella è la sua valigia *[kwel-la ay la soo-a valeeja]*; *see pages 108, 109*
**herbs** le spezie *[spetzee-ay]*
**here** qui *[kwee]*; **here you are** (*giving something*) ecco qua *[kwa]*; **here he comes** eccolo
**hers: that's hers** quello è suo *[kwel-lo ay*

**hey!**             32             **house**

*soo-o]; see page 111*
**hey!** ehi! *[ay-ee]*
**hi!** salve! *[salvay]*
**hiccups** il singhiozzo *[seeng-yotzo]*
**hide** nascondere *[naskondairay]*
**hideous** orrendo
**high** alto
**highbeam** un abbagliante *[ab-balyantay]*
**highchair** (*for baby*) il seggiolone *[sejjolonay]*
**highlighter** (*cosmetic*) un evidenziatore *[eveedentz-yatoray]*
**highway** la strada principale *[preencheepalay]*
**hiking: we're going hiking** andiamo a fare un'escursione a piedi *[and-yamo a faray oon eskoors-yonay a p-yaydee]*
**hill** una collina; **it's further up the hill** è più in su *[ay p-yoo een soo]*
**hillside** un pendio *[pendee-o]*
**hilly** collinoso
**him: I don't know him** non lo conosco; **will you send it to him?** glielo può mandare? *[yaylo pwo mandaray]*; **it's him** è lui *[ay loo-ee]*; **with him** con lui; **for him** per lui *[pair]*; *see page 109*
**hip** il fianco *[f-yanko]*
**hire: can I hire a car?** posso prendere una macchina a noleggio? *[prendairay oona mak-keena a nolej-jo]*; **do you hire them out?** li noleggiate? *[lee nolej-jatay]*
**his: it's his drink** è il suo bicchiere *[ay eel soo-o beek-yairay]*; **it's his** è quello suo *[ay kwel-lo soo-o]*; *see pages 108, 111*
**history: the history of Rome** la storia di Roma
**hit: he hit me** mi ha colpito *[mee a]*; **I hit my head** ho preso una botta in testa *[o prayzo]*
**hitch: is there a hitch?** ci sono problemi? *[chee]*
**hitch-hike** fare l'autostop *[faray lowtostop]*
**hitch-hiker** un autostoppista *[owtostoppeesta]*
**hit record** un successo discografico *[sooches-so]*
**hole** un buco *[booko]*
**holiday** una vacanza *[vakantza]*; **I'm on holiday** sono in vacanza
**Holland** l'Olanda
**home** (*house*) la casa; **at home** a casa; (*in my own country*) nel mio paese *[mee-o pa-ayzay]*; **I go home tomorrow** torno a casa domani; **home sweet home!** casa dolce casa! *[dolchay]*
**home address** l'indirizzo di casa *[eendeereetzo]*
**homemade** fatto in casa
**homesick: I'm homesick** ho nostalgia di casa *[nostaljee-a]*
**honest** onesto
**honestly?** sul serio? *[sool sair-yo]*
**honey** il miele *[m-yaylay]*
**honeymoon** la luna di miele *[loona dee m-yaylay]*; **it's our honeymoon** siamo in luna di miele *[s-yamo]*; **a second honeymoon** una seconda luna di miele
**honeymoon suite** una stanza per sposi in luna di miele *[stantza pair spozee een loona dee m-yaylay]*
**hood** (*of car*) il cofano
**hoover** (*tm*) un aspirapolvere *[—polvairay]*
**hope** la speranza *[spairantza]*; **I hope so** spero di sì *[spairo]*; **I hope not** spero di no
**horn** (*car*) il clacson
**horrible** orribile *[or-reebeelay]*
**hors d'oeuvre** l'antipasto
**horse** un cavallo
**horse riding** l'equitazione *[ekweetatzyonay]*
**hose** (*for car radiator*) il tubo del radiatore *[toobo del rad-yatoray]*
**hospital** l'ospedale *[ospedalay]*
**hospitality** l'ospitalità; **thank you for your hospitality** grazie dell'ospitalità *[gratzee-ay]*
**hostel** (*youth etc*) un ostello
**hot** caldo; (*curry etc*) piccante *[peekantay]*; **I'm hot** ho caldo *[o]*; **something hot to eat** qualcosa di caldo da mangiare *[kwalkoza ... manjaray]*; **it's so hot today** fa talmente caldo oggi *[talmentay ... oj-jee]*
**hotdog** un hotdog
**hotel** un albergo *[albairgo]*; **at my hotel** nel mio albergo *[mee-o]*
**hotel clerk** il(la) receptionist
**hotplate** (*on cooker*) la piastra *[p-yastra]*
**hot-water bottle** la borsa dell'acqua calda *[akwa]*
**hour** l'ora; **on the hour** ad ogni ora precisa *[on-yee ora praycheeza]*
**house** una casa

**housewife** una casalinga
**house wine** il vino della casa
**hovercraft** il hovercraft
**how** come *[komay]*; **how many?** quanti? *[kwantee]*; **how much?** quanto? *[kwanto]*; **how often?** quanto spesso?; **how are you?** come sta?; **how do you do?** piacere! *[pee-achairay]*; **how about a beer?** che ne diresti di una birra? *[kay nay deerestee]*; **how nice!** che carino! *[kay]*; **would you show me how to?** mi può mostrare come si fa? *[mee pwo mostraray komay see]*
**humid** umido *[oomeedo]*
**humidity** l'umidità *[oomeedeeta]*

**humo(u)r: where's your sense of humo(u)r?** dov'è il tuo senso dell'umorismo? *[dovay eel too-o ... oomoreezmo]*
**hundredweight** *see page 120*
**hungry: I'm hungry** ho fame *[o famay]*; **I'm not hungry** no ho fame
**hurry: I'm in a hurry** ho fretta *[o]*; **hurry up!** sbrigati! *[zbreegatee]*; **there's no hurry** non c'è fretta *[non chay]*
**hurt: it hurts me** fa male *[malay]*; **my back hurts me** mi fa male la schiena *[sk-yayna]*
**husband: my husband** mio marito *[mee-o mareeto]*
**hydrofoil** un aliscafo

# I

**I** io *[ee]-o]*; **I am English** sono inglese *[eenglayzay]*; **I live in Manchester** vivo a Manchester; *see page 109*
**ice** il ghiaccio *[g-yacho]*; **with ice** con ghiaccio; **with ice and lemon** con ghiaccio e limone *[leemonay]*
**ice cream** un gelato *[jelato]*
**ice-cream cone** un cono di gelato *[jelato]*
**iced coffee** un caffè freddo *[kaf-fay]*
**idea** un'idea *[eeday-a]*; **good idea!** buon'idea! *[bwon]*
**ideal** ideale *[eeday-alay]*
**identity papers** i documenti d'identità *[dokoomentee]*
**idiot** un idiota *[eed-yota]*
**idyllic** idilliaco *[eedeel-lee-ako]*
**if** sc *[say]*; **if you could** se può *[say pwo]*; **if not** se no
**ignition** l'accensione *[achens-yonay]*
**ill** ammalato; **I feel ill** mi sento poco bene *[benay]*
**illegal** illegale *[eel-legalay]*
**illegible** illeggibile *[eel-lej-jeebeelay]*
**illness** una malattia *[malat-tee-a]*
**imitation** (*leather etc*) un'imitazione *[eemeetatz-yonay]*
**immediately** immediatamente *[eem-med-yatamentay]*

**immigration** l'immigrazione *[eemeegratz-yonay]*
**import** importare *[—taray]*
**important** importante *[—tantay]*; **it's very important** è molto importante *[ay]*; **it's not important** non ha importanza *[non a eemportantza]*
**import duty** la tassa d'importazione *[eemportatz-yonay]*
**impossible** impossibile *[eempos-seebeelay]*
**impressive** notevole *[notay-volay]*
**improve: it's improving** sta migliorando *[meel-yorando]*; **I want to improve my Italian** voglio migliorare il mio italiano *[vol-yo meel-yoraray eel mee-o eetal-yano]*
**improvement** un miglioramento *[meel-yoramento]*
**in: in the town centre** in centro *[chentro]*; **in my room** nella mia stanza; **in London** a Londra; **in one hour's time** tra un'ora; **in August** in agosto; **in English** in inglese *[een eenglayzay]*; **in Italian** in italiano *[een eetal-yano]*; **is he in?** c'è? *[chay]*
**inch** un pollice *[pol-leechay]*; *see page 119*
**include** comprendere *[komprendairay]*; **does that include meals?** compresi i

**inclusive**      34      **invite**

pasti? *[komprayzee]*; **is that included in the price?** è compreso nel prezzo? *[ay komprayzo nel pretzo]*
**inclusive: inclusive of ... ...** compreso *[comprayzo]*
**incompetent** incompetente *[—tentay]*
**inconsiderate** avventato *[av-vayntato]*
**inconvenient** scomodo
**increase** un aumento *[owmento]*
**incredible** incredibile *[eenkraydeebeelay]*
**indecent** indecente *[eendaychentay]*
**independent** indipendente *[—dentay]*
**India** l'India
**Indian** indiano
**indicator** un indicatore *[—toray]*
**indigestion** un'indigestione *[—yonay]*
**indoor pool** una piscina coperta *[peesheena kopairta]*
**indoors** all'interno *[eentairno]*
**industry** un'industria *[eendoostree-a]*
**inefficient** inefficiente *[eenef-feechentay]*
**infection** un'infezione *[eenfetz-yonay]*
**infectious** contagioso *[kontajozo]*
**inflammation** un'infiammazione *[eenfyamm-atz-yonay]*
**inflation** l'inflazione *[eenflatz-yonay]*
**informal** informale *[eenformalay]*
**information** un'informazione *[eenformatz-yonay]*
**information desk** il banco delle informazioni *[del-lay eenformatz-yonee]*
**information office** l'ufficio informazioni *[oof-feecho eenformatz-yonee]*
**injection** un'iniezione *[een-yetz-yonay]*
**injured** ferito *[faireeto]*; **she's been injured** è rimasta ferita *[ay]*
**injury** una ferita *[faireeta]*
**in-law: my in-laws** (*said by wife*) la famiglia di mio marito *[fameel-ya dee mee-o]*; (*said by husband*) la famiglia di mia moglie *[mee-a mol-yay]*
**innocent** innocente *[een-nochentay]*
**inquisitive** curioso *[koor-yozo]*
**insect** un insetto
**insect bite** una puntura d'insetto *[poontoora]*
**insecticide** un insetticida *[eensetteecheeda]*
**insect repellent** un insettifugo *[eensetteefoogo]*
**inside: inside the tent** dentro la tenda; **let's sit inside** sediamoci dentro *[saydyamochee]*
**insincere** non sincero *[non seenchairo]*
**insist: I insist** insisto
**insomnia** l'insonnia
**instant coffee** caffè solubile *[kaf-fay soloobeelay]*
**instead** invece *[eenvaychay]*; **I'll have that one instead** prendo l'altro; **instead of ...** invece di ...
**insulating tape** il nastro isolante *[eezolantay]*
**insulin** l'insulina *[eensooleena]*
**insult** un insulto *[eensoolto]*
**insurance** l'assicurazione *[as-seekooratz-yonay]*; **write your insurance company here** scriva il nome della sua compagnia di assicurazione qui *[nomay del-la soo-a kompan-yee-a ... kwee]*
**insurance policy** la polizza assicurativa *[poleetza as-seekorateeva]*
**intellectual** un intellettuale *[eentel-lettoo-alay]*
**intelligent** intelligente *[—jentay]*
**intentional: it wasn't intentional** non era fatto apposta *[aira]*
**interest: places of interest** luoghi da visitare *[lwoghee da veezeetaray]*
**interested: I'm very interested in ...** mi interesso molto di ... *[mee eentaires-so]*
**interesting** interessante *[eentaires-santay]*; **that's very interesting** molto interessante
**international** internazionale *[eentairnatz-yonalay]*
**interpret** interpretare *[eentairpraytaray]*; **would you interpret?** potrebbe tradurre? *[potrayb-bay tradoorray]*
**interpreter** un(a) interprete *[eentairpraytay]*
**intersection** un incrocio *[eencrocho]*
**interval** (*in play etc*) l'intervallo *[eentairval-lo]*
**into** in; **I'm not into that** (*don't like*) non mi interessa *[eentaires-sa]*
**introduce: may I introduce ...?** posso presentarle ...? *[prezentarlay]*
**introvert** un introverso *[eentrovairso]*
**invalid** un invalido
**invalid chair** una sedia a rotelle *[rotellay]*
**invitation** un invito; **thank you for the invitation** grazie dell'invito *[gratzee-ay]*
**invite** invitare *[eenveetaray]*; **can I invite**

**involved**

you out? posso invitarla a uscire? *[oosheeray]*
**involved: I don't want to get involved in it** non voglio essere coinvolto *[non vol-yo es-sairay ko-eenvolto]*
**iodine** lo iodio *[yod-ee-o]*
**Ireland** l'Irlanda *[eerlanda]*
**Irish** irlandese *[eerlandayzay]*
**Irishman** un irlandese *[eerlandayzay]*
**Irishwoman** un'irlandese *[eerlandayzay]*
**iron** (*for clothes*) un ferro da stiro *[fair-ro]*; **can you iron these for me?** me li può stirare? *[may lee pwo steeraray]*
**ironmonger** un negozio di ferramenta *[naygotz-yo dee fairamento]*
**irresistible** irresistibile *[—teebeelay]*

**is** è *[ay]*; *see page 113*
**island** un'isola *[eezola]*; **on the island** sull'isola *[sool]*
**isolated** isolato *[eezolato]*
**it** esso; **is it ...?** è ...? *[ay]*; **where is it? dov'è?** *[dovay]*; **it's her** è lei *[lay]*; **it's only me** sono solo io *[ee-o]*; **it was ...** era ... *[aira]*; **that's just it!** esattamente! *[—mentay]*; **that's it** (*that's right*) giusto *[joosto]*; *see page 109*
**Italian** (*adj, language*) italiano *[eetal-yano]*; (*man*) un Italiano *[eetal-yano]*; (*woman*) un'Italiana *[eetal-yana]*; **the Italians** gli Italiani *[l-yee eetal-yanee]*
**Italy** l'Italia *[eetal-ya]*
**itch: it itches** prude *[prooday]*
**itinerary** l'itinerario *[eeteenairario]*

# J

**jack** (*for car*) il cric
**jacket** una giacca *[jak-ka]*
**jacuzzi** un jacuzzi *[jakootzee]*
**jam** la marmellata; **traffic jam** un ingorgo; **I jammed on the brakes** ho frenato di colpo *[o fraynato]*
**January** gennaio *[jen-na-yo]*
**jaundice** l'itterizia *[eetaireetz-ya]*
**jaw** la mascella *[mashel-la]*
**jazz** il jazz *[jetz]*
**jazz club** un jazz club *[jetz kloob]*
**jealous** geloso *[jelozo]*
**jeans** i jeans
**jellyfish** una medusa *[medooza]*
**jet-setter: he is a jet-setter** fa parte del jet-set *[partay]*
**jetty** il molo
**Jew** un ebreo *[ebray-o]*
**Jewish** ebreo *[ebray-o]*
**jewel(le)ry** i gioielli *[joy-el-lee]*
**jiffy: just a jiffy!** un attimo!
**job** un lavoro; **just the job!** è proprio quello che ci vuole! *[ay ... kwel-lo kay chee vwolay]*; **it's a good job you told me!** hai fatto bene a dirmelo! *[a-ee fat-to benay a deermaylo]*

**jog: I'm going for a jog** vado a correre *[kor-rairay]*
**jogging** il jogging
**join** (*club etc*) diventare membro di *[deevayntaray]*; **I'd like to join** vorrei farmi membro *[vor-ray]*; **can I join you?** posso unirmi a voi? *[ooneermee a voy]*; **do you want to join us?** vuoi unirti a noi? *[vwoy ooneertee a noy]*
**joint** (*in bone*) l'articolazione *[arteekolatz-yonay]*; (*to smoke*) uno spinello
**joke** uno scherzo *[skairtzo]*; **you've got to be joking!** stai scherzando! *[sta-ee skairtzando]*; **it's no joke** parlo sul serio *[sool sair-yo]*
**jolly: it was jolly good** era ottimo *[aira]*; **jolly good!** ottimo!
**journey** un viaggio *[vee-aj-jo]*; **have a good journey!** buon viaggio! *[bwon]*
**jug** una brocca; **a jug of water** una brocca d'acqua *[dakwa]*
**July** luglio *[lool-yo]*
**jump: you made me jump** mi hai fatto paura *[mee a-ee fat-to pa-oora]*; **jump in!** (*to car*) salta su! *[soo]*
**jumper** un maglione *[mal-yonay]*

**jump leads, jumper cables** un cavo per collegare due batterie *[pair kol-legaray doo-ay bat-tairee-ay]*
**junction** un bivio *[beev-yo]*
**June** giugno *[joon-yo]*
**junior: Mr Jones junior** il signor Jones junior *[seen-yor ... yoon-yor]*
**junk** delle cianfrusaglie *[del-lay chanfroozal-yay]*
**just: just the one** solo uno; **just me** solo io *[ee-o]*; **just for me** solo per me *[pair may]*; **just a little** solo un po'; **just here** proprio qui *[kwee]*; **not just now** non adesso; **he was here just now** era qui un attimo fa *[aira]*; **that's just right** perfetto *[pairfet-to]*; **it's just as good** va bene comunque *[va benay komoonkway]*; **that's just as well** tanto meglio *[maylyo]*; **we've just got here** siamo appena arrivati *[s-yamo ap-payna ar-reevatee]*

# K

**kagul** un K-way (tm) *[kay-way]*
**keen: I'm not keen** non mi entusiasma *[entooz-yazma]*
**keep: can I keep it?** posso tenerlo? *[tenairlo]*; **please keep it** puoi tenerlo *[pwoy]*; **keep the change** tenga il resto; **will it keep?** (*food*) non andrà a male? *[malay]*; **it's keeping me awake** non mi lascia dormire *[non mee lasha dormeeray]*; **it keeps on breaking** si rompe in continuazione *[see rompay een konteenoo-atz-yonay]*; **I can't keep anything down** (*food*) continuo a vomitare qualsiasi cosa ingerisca *[konteenoo-o a vomeetaray kwalsee-asee koza eenjaireeska]*
**kerb** il bordo del marciapiede *[marchapyayday]*
**ketchup** il ketchup
**kettle** il bollitore *[—toray]*
**key** una chiave *[k-yavay]*
**kid: the kids** i bambini; **I'm not kidding** non scherzo *[non skairtzo]*
**kidneys** i reni
**kill** uccidere *[oocheedairay]*; **my feet are killing me** mi fanno male i piedi *[malay ee p-yaydee]*
**kilo** un chilo *[keelo]*; see page 120
**kilometre, kilometer** un chilometro *[keelometro]*; see page 119

**kind: that's very kind** è molto gentile *[ay ... jenteelay]*; **this kind of ...** questa specie di ... *[kwesta spechay]*
**kiosk** un chiosco *[kiosko]*
**kiss** un bacio *[bacho]*
**kitchen** la cucina *[koocheena]*
**kitchenette** un cucinino *[koocheeneeno]*
**Kleenex** (tm) un Kleenex
**knackered** (*tired*) stanco morto
**knee** un ginocchio *[jeenok-yo]*
**knickers** le mutande *[mootanday]*
**knife** un coltello
**knitting** il lavoro a maglia *[mal-ya]*
**knitting needles** i ferri per maglia *[fairree pair mal-ya]*
**knock: there's a knocking noise from the engine** il motore batte in testa *[motoray bat-tay]*; **he's had a knock on the head** ha preso una botta in testa *[a prayzo]*; **he's been knocked over** è stato investito *[ay]*
**knot** (*in rope*) un nodo
**know** (*somebody, a city*) conoscere *[konoshairay]*; (*something*) sapere *[sapairay]*; **I don't know** no lo so; **do you know a good restaurant?** conosce un buon ristorante? *[konoshay]*; **who knows?** chissà! *[kee-sa]*; **I didn't know that** non lo sapevo *[sapayvo]*

# L

**label** un'etichetta *[eteeket-ta]*
**laces** (*shoes*) i lacci *[lachee]*
**lacquer** la lacca
**ladies' (room)** la toilette (per signore) *[twalet pair seen-yoray]*
**lady** una signora *[seen-yora]*; **ladies and gentlemen!** signore e signori! *[seen-yoray ay seen-yoree]*
**lager** una birra chiara *[k-yara]*; **lager and lime** una birra chiara con succo di limetta *[sook-ko]*
**lake** un lago
**lamb** agnello *[an-yel-lo]*
**lamp** una lampada
**lamppost** un lampione *[lamp-yonay]*
**lampshade** un paralume *[paraloomay]*
**land** (*not sea*) la terraferma *[tair-ra-fairma]*; **when does the plane land?** quando atterra l'aereo? *[kwando at-tair-ra la-airay-o]*
**landscape** il paesaggio *[pa-aysaj-jo]*
**lane** (*car*) la corsia *[korsee-a]*; (*narrow road*) una stradina
**language** una lingua *[leengwa]*
**language course** un corso di lingua *[leengwa]*
**large** grande *[granday]*
**laryngitis** una laringite *[lareenjeetay]*
**last** ultimo *[oolteemo]*; **last year** l'anno scorso; **last Wednesday** mercoledì scorso; **last night** la notte scorsa *[not-tay]*; **when is the last bus?** quando c'è l'ultimo autobus? *[kwando chay loolteemo owtoboos]*; **one last drink** l'ultimo bicchierino *[loolteemo beek-yaireeno]*; **when were you last in London?** quand'era l'ultima volta che sei stato a Londra? *[kwandaira loolteema ... kay say]*; **at last!** finalmente! *[feenalmentay]*; **how long does it last?** (*film etc*) quanto dura? *[kwanto doora]*
**last name** il cognome *[kon-yomay]*
**late: sorry I'm late** mi scuso del ritardo *[mee skoozo]*; **don't be late** non fare tardi *[faray]*; **the bus was late** l'autobus era in ritardo *[lowtoboos aira]*; **we'll be back late** torniamo tardi *[torn-yamo]*; **it's getting late** si sta facendo tardi *[fachendo]*; **is it that late!** è così tardi? *[ay kozee]*; **it's too late now** adesso è troppo tardi; **I'm a late riser** mi alzo tardi *[mee altzo]*
**lately** ultimamente *[oolteemamentay]*
**later** più tardi *[p-yoo]*; **later on** più tardi; **I'll come back later** torno più tardi; **see you later** ci vediamo dopo *[chee vayd-yamo]*; **no later than Tuesday** non più tardi di martedì
**latest: the latest news** le ultime notizie *[oolteemay noteetzee-ay]*; **at the latest** al più tardi *[p-yoo]*
**laugh** ridere *[reedairay]*; **don't laugh** non ridere; **it's no laughing matter** non c'è niente da ridere *[non chay n-yentay]*
**launderette, laundromat** la lavanderia automatica *[lavandairee-a owtomateeka]*
**laundry** (*clothes*) il bucato *[bookato]*; (*place*) la lavanderia *[lavandairee-a]*; **could you get the laundry done?** può fare il bucato? *[pwo faray]*
**lavatory** il gabinetto
**law** la legge *[lej-jay]*; **against the law** contro la legge
**lawn** un prato all'inglese *[eenglayzay]*
**lawyer** un avvocato
**laxative** un lassativo
**lay-by** una piazzola di sosta *[p-yatzola]*
**laze around: I just want to laze around** ho solo voglia di poltrire *[o solo vol-ya dee poltreeray]*
**lazy** pigro; **don't be lazy** non fare il pigro *[faray]*; **a nice lazy holiday** una bella vacanza all'insegna della pigrizia *[vakantza al eensen-ya del-la peegreetz-ya]*
**lead** (*elec*) un filo; **where does this road**

**leaf** 38 **life**

**lead?** dove porta questa strada? *[dovay ... kwesta]*
**leaf** una foglia *[fol-ya]*
**leaflet** un dépliant *[dayplee-an]*; **do you have any leaflets on ...?** avete dei dépliant su ...? *[avaytay day ... soo]*
**leak** una perdita *[pairdeeta]*; **the roof leaks** il tetto perde *[pairday]*
**learn: I want to learn ...** voglio imparare ... *[vol-yo eempararay]*
**learner: I'm just a learner** sono solo un principiante *[preencheep-yantay]*
**lease** affittare *[af-feet-taray]*
**least: not in the least** niente affatto *[n-yentay]*; **at least 50** come minimo 50 *[komay]*
**leather** il cuoio *[kwo-yo]*
**leave: when does the bus leave?** a che ora parte l'autobus? *[a kay ora partay lowtoboos]*; **I leave tomorrow** parto domani; **he left this morning** è partito stamattina *[ay]*; **may I leave this here?** posso lasciarlo qui? *[lasharlo kwee]*; **I left my bag in the bar** ho lasciato la mia borsa al bar *[o lashato la mee-a]*; **she left her bag here** ha lasciato la borsa qui *[a ... kwee]*; **leave the window open please** lasci la finestra aperta per favore *[lashee ... apairta pair favoray]*; **there's not much left** non ne è rimasto molto *[non nay ay]*; **I've hardly any money left** sono quasi senza soldi *[kwazee sentza]*; **I'll leave it up to you** decidi tu *[daycheedee too]*
**lecherous** libidinoso
**left** sinistra; **on the left** a sinistra
**lefthand drive** la guida a sinistra *[gweeda]*
**left-handed** mancino *[mancheeno]*
**left luggage** (*office*) il deposito bagagli *[bagal-yee]*
**leg** la gamba
**legal** legale *[laygalay]*
**legal aid** l'assistenza legale gratuita *[asseestentza laygalay gratoo-eeta]*
**lemon** un limone *[leemonay]*
**lemonade** una limonata
**lemon tea** un tè al limone *[tay al leemonay]*
**lend: would you lend me your ...?** puoi prestarmi il tuo ...? *[pwoy ... too-o]*
**lens** (*phot*) l'obiettivo *[ob-yet-teevo]*
**lens cap** il coperchio dell'obiettivo *[kopairk-yo del ob-yet-teevo]*
**Lent** la Quaresima *[kwarayzeema]*
**lesbian** una lesbica
**less: less than an hour** meno di un'ora *[mayno]*; **less than that** di meno; **less hot** meno caldo
**lesson** una lezione *[letz-yonay]*; **do you give lessons?** date lezioni? *[datay letz-yonee]*
**let: would you let me use it?** mi permette di usarlo? *[mee pairmet-tay dee oozarlo]*; **will you let me know?** mi faccia sapere *[mee facha sapairay]*; **I'll let you know** ti farò sapere; **let me try** fammi provare *[fam-mee provaray]*; **let me go!** lasciami andare *[lashamee andaray]*; **let's leave now** andiamo adesso *[and-yamo]*; **let's not go yet** aspettiamo ancora un po' *[aspet-yamo]*; **will you let me off at ...?** può farmi scendere a ...? *[pwo ... schendairay]*; **room to let** una camera in affitto *[kamaira]*
**letter** una lettera *[let-taira]*; **are there any letters for me?** ci sono lettere per me? *[chee sono let-tairay pair may]*
**letterbox** la buca delle lettere *[booka del-lay let-tairay]*
**lettuce** la lattuga *[lat-tooga]*
**level crossing** un passaggio a livello *[pas-saj-jo]*
**lever** una leva
**liable** (*responsible*) responsabile *[responsabeelay]*
**liberated: a liberated woman** una donna emancipata *[emancheepata]*
**library** una biblioteca *[beeblee-oteka]*
**licence, license** un permesso *[pairmes-so]*
**license plate** la targa
**lid** il coperchio *[kopairk-yo]*
**lido** una piscina all'aperto *[peesheena al apairto]*
**lie** (*untruth*) una bugia *[boojee-a]*; **can she lie down for a while?** può stendersi un po'? *[pwo stendairsee]*; **I want to go and lie down** voglio andare a stendermi *[vol-yo andaray a stendairmee]*
**lie-in: I'm going to have a lie-in tomorrow** domani ho intenzione di rimanermene a letto *[o eententz-yonay dee reemanairmaynay]*
**life** la vita; **not on your life!** neanche morto! *[nay-ankay]*; **that's life** sono cose

**lifebelt**     39     **lollipop**

che succedono *[kozay kay soochedono]*
**lifebelt** un salvagente *[—jentay]*
**lifeboat** una scialuppa di salvataggio *[shaloop-pa dee —taj-jo]*
**lifeguard** (*on beach*) un bagnino *[banyeeno]*
**life insurance** un'assicurazione sulla vita *[as-seekooratz-yonay sool-la]*
**life jacket** un giubbotto di salvataggio *[joob-bot-to dee —taj-jo]*
**lift** (*in hotel*) un ascensore *[ashensoray]*; **could you give me a lift?** mi può dare un passaggio? *[mee pwo daray oon pas-saj-jo]*; **do you want a lift?** vuole un passaggio? *[vwolay]*; **thanks for the lift** grazie del passaggio *[gratzee-ay]*; **I got a lift** mi hanno dato un passaggio *[mee an-no]*
**light** la luce *[loochay]*; (*not heavy*) leggero *[lej-jairo]*; **the light was on** la luce era accesa *[aira achayza]*; **do you have a light?** può farmi accendere? *[pwo farmee achendairay]*; **a light meal** un pasto leggero; **light blue** blu chiaro *[bloo k-yaro]*
**light bulb** una lampadina
**lighter** (*cigarette*) un accendino *[achendeeno]*
**lighthouse** un faro
**light meter** un esposimetro
**lightning** il fulmine *[foolmeenay]*
**like: I'd like a ...** vorrei un ... *[vor-ray]*; **I'd like to ...** vorrei ...; **would you like a ...?** desidera un ...? *[dayzeedaira]*; **would you like to come too?** vuoi venire anche tu? *[vwoy vayneeray ankay too]*; **I like it** mi piace *[mee pee-achay]*; **I like you** mi piaci *[pee-achee]*; **I don't like it** non mi piace; **he doesn't like it** non gli piace *[l-yee]*; **do you like ...?** ti piace ... *[tee]*; **I like swimming** mi piace nuotare *[nwotaray]*; **OK, if you like** d'accordo, se lo vuoi tu *[say lo vwoy too]*; **what's it like?** com'è? *[komay]*; **do it like this** fai così *[fa-ee kozee]*; **one like that** uno come quello lì *[komay kwel-lo]*
**lilo** (*tm*) un materassino *[matairas-seeno]*
**lime cordial, lime juice** un succo di limo *[sook-ko dee leemo]*
**line** la linea *[leen-ya]*; (*of people*) la fila; **would you give me a line?** (*tel*) posso avere la linea? *[avayray]*
**linen** (*for beds*) la biancheria *[b-yankaireea]*
**linguist** un(a) linguista *[leengweesta]*; **I'm no linguist** non sono portato per le lingue *[pair lay leengway]*
**lining** la fodera *[fodaira]*
**lip** il labbro
**lip brush** un pennello per labbra *[pair]*
**lip gloss** un lucido per labbra *[loocheedo pair]*
**lip pencil** una matita per labbra *[pair]*
**lip salve** una crema per le labbra *[pair]*
**lipstick** il rossetto
**liqueur** un liquore *[leekworay]*
**liquor** l'alcool *[alkol]*
**liquor store** un negozio di liquori *[naygotz-yo dee leekworee]*
**list** una lista
**listen: I'd like to listen to ...** vorrei ascoltare ... *[vor-ray —taray]*; **listen!** ascolta!
**liter, litre** un litro; *see page 120*
**litter** i rifiuti *[reef-yootee]*
**little** piccolo; **just a little, thanks** solo un po', grazie *[gratzee-ay]*; **just a very little** poco poco; **a little cream** un po' di crema *[dee]*; **a little more** un po' di più *[p-yoo]*; **a little better** un po' meglio *[mayl-yo]*; **that's too little** (*not enough*) così è troppo poco *[kozee ay]*
**live** vivere *[veevairay]*; **I live in Manchester/Texas** vivo a Manchester/ in Texas; **where do you live?** dove abiti? *[dovay abeetee]*; **where does he live?** dove abita?; **we live together** viviamo insieme *[veev-yamo eens-yemay]*
**lively** (*town, person etc*) pieno di vita *[p-yayno dee veeta]*
**liver** il fegato
**lizard** una lucertola *[loochairtola]*
**loaf** una pagnotta *[pan-yotta]*
**lobby** l'atrio
**lobster** l'aragosta
**local: a local wine** un vino della zona *[tzona]*; **a local newspaper** il giornale locale *[jornalay lokalay]*; **a local restaurant** un ristorante del posto
**lock** la serratura *[sair-ratoora]*; **it's locked** è chiuso a chiave *[ay k-yoozo a k-yavay]*; **I've locked myself out of my room** mi sono chiuso fuori dalla stanza *[k-yoozo fworee dal-la stantza]*
**locker** (*for luggage etc*) un armadietto *[armad-yet-to]*
**log: I slept like a log** ho dormito come un ghiro *[o dormeeto komay oon gheero]*
**lollipop** un lecca lecca; (*ice-lolly*) un

**London** 40 **luxury**

ghiacciolo *[ghee-acholo]*
**London** Londra
**lonely** solitario; **are you lonely?** ti senti solo?
**long** lungo *[loongo]*; **how long does it take?** quanto tempo ci vuole? *[kwanto ... chee vwolay]*; **is it a long way** è molto lontano? *[ay]*; **a long time** tanto tempo; **I won't be long** torno subito *[soobeeto]*; **don't be long** torna presto; **that was long ago** questo è successo tanto tempo fa *[kwesto ay sooches-so]*; **I'd like to stay longer** vorrei restare più a lungo *[vor-ray restaray p-yoo]*; **long time no see!** sono secoli che non ci si vede! *[sekolee kay non chee see vayday]*; **so long!** ciao! *[cha-o]*
**long distance call** un'interurbana *[eentairoorbana]*
**long drink** un long drink
**loo: where's the loo?** dov'è il gabinetto? *[dovay]*; **I want to go to the loo** devo andare al gabinetto *[dayvo andaray]*
**look: that looks good** niente male *[n-yentay malay]*; **you look tired** hai l'aria stanca *[a-ee]*; **I'm just looking, thanks** sto solo dando un'occhiata, grazie *[ok-yata gratzee-ay]*; **you don't look it** (*your age*) non li dimostri; **look at him** guarda quello là *[gwarda kwel-lo]*; **I'm looking for ...** sto cercando ... *[chairkando]*; **look out!** attenzione! *[at-tentz-yonay]*; **can I have a look?** posso dare un'occhiata? *[daray]*; **can I have a look around?** posso dare un'occhiata in giro? *[jeero]*
**loose** (*button, handle etc*) che si sta staccando *[kay]*
**loose change** gli spiccioli *[speecholee]*
**lorry** un camion
**lorry driver** un camionista
**lose** perdere *[pairdairay]*; **I've lost my ...** ho perso il mio ... *[o pairso eel mee-o]*; **I'm lost** mi sono perso
**lost property office, lost and found** l'ufficio oggetti smarriti *[oof-feecho oj-jet-tee zmar-reetee]*
**lot: a lot, lots** molti; **not a lot** non molto; **a lot of money** un sacco di soldi; **a lot of women** molte donne *[moltay don-nay]*; **a lot cooler** molto più fresco *[p-yoo]*; **I like it a lot** mi piace molto *[mee peeachay]*; **is it a lot further?** è ancora tanto lontano? *[ay]*; **I'll take the (whole) lot** prendo tutto *[toot-to]*
**lotion** una lozione *[lotz-yonay]*
**loud** forte *[fortay]*; **the music is rather loud** il volume della musica è piuttosto alto *[voloomay del-la moozeeka ay p-yootosto]*
**lounge** (*in hotel, chalet*) il salone *[salonay]*; (*airport*) la sala d'attesa
**lousy** schifoso *[skeefozo]*
**love: I love you** ti amo; **he's fallen in love** si è innamorato *[ay]*; **I love Italy** adoro l'Italia; **let's make love** facciamo l'amore *[fachamo lamoray]*
**lovely** delizioso *[dayleetz-yozo]*
**low** basso
**low beam** gli anabbaglianti *[anab-bal-yantee]*
**LP** un LP *[el-epee]*
**luck** la fortuna *[fortoona]*; **hard luck!** pazienza! *[patz-yentza]*; **good luck!** buona fortuna! *[bwona]*; **just my luck!** la mia solita fortuna! *[mee-a]*; **it was pure luck** è stato un puro colpo di fortuna *[ay ... pooro]*
**lucky: that's lucky!** che fortuna! *[kay fortoona]*
**lucky charm** un portafortuna *[—fortoona]*
**luggage** il bagaglio *[bagal-yo]*
**lumbago** la lombaggine *[lombaj-jeenay]*
**lump** un nodulo *[nodoolo]*
**lunch** il pranzo *[prantzo]*
**lungs** i polmoni
**Luxembourg** il Lussemburgo *[loos-semboorgo]*
**luxurious** lussuoso *[loos-soo-ozo]*
**luxury** il lusso *[loos-so]*

# M

**macho** macho
**mad** pazzo *[patzo]*
**madam** una signora *[seen-yora]*
**magazine** una rivista
**magnificent** magnifico *[man-yeefeeko]*
**maid** (*in hotel*) la cameriera *[kamair-yaira]*
**maiden name** il nome da ragazza *[nomay da ragatza]*
**mail: is there any mail for me?** c'è posta per me? *[chay ... pair may]*
**mailbox** la cassetta delle lettere *[del-lay let-tairay]*
**main** principale *[preencheepalay]*; **where's the main post office?** dov'è l'ufficio postale centrale? *[dovay looffeecho postalay chentralay]*; **that's the main thing** questo è quello che conta *[kwesto ay kwel-lo kay]*
**main road** la strada principale *[preencheepalay]*; (*in the country*) la strada maestra *[ma-estra]*
**make** fare *[faray]*; **do you make them yourself?** li fate voi? *[lee fatay voy]*; **it's very well made** è fatto molto bene *[ay ... benay]*; **what does that make altogether?** quanto viene tutto insieme? *[v-yenay toot-to eens-yemay]*; **I make it only 52,000 lire** secondo i miei calcoli sono 52.000 lire *[mee-ay-ee ... leeray]*
**make up** il trucco *[trook-ko]*
**make-up remover** lo struccatore *[strookatoray]*
**male chauvinist pig** uno sporco maschilista *[maskeeleesta]*
**man** un uomo *[womo]*
**manager** il direttore *[deeret-toray]*; **may I see the manager?** posso parlare con il direttore? *[parlaray]*
**manicure** la manicure *[maneekooray]*
**many** molti
**map: a map of ...** una cartina di ...; **it's not on this map** non è sulla cartina *[non ay sool-la]*

**marble** il marmo
**March** marzo *[martzo]*
**marijuana** la marijuana
**mark: there's a mark on it** c'è un segno *[chay oon sen-yo]*; **could you mark it on the map for me?** potrebbe segnarmelo sulla cartina? *[potrayb-bay sen-yarmaylo sool-la]*
**market** il mercato *[mairkato]*
**marmalade** la marmellata d'arance *[daranchay]*
**married: are you married?** è sposato(a)? *[ay]*; **I'm married** sono sposato(a)
**mascara** il mascara
**mass: I'd like to go to mass** vorrei andare a messa *[vor-ray andaray]*
**mast** l'albero *[albairo]*
**masterpiece** un capolavoro
**matches** i fiammiferi *[f-yam-meefairee]*
**material** (*cloth*) la stoffa
**matter: it doesn't matter** non importa; **what's the matter?** che c'è? *[kay chay]*
**mattress** il materasso *[matairas-so]*
**maximum** il massimo
**May** maggio *[maj-jo]*
**may: may I have another bottle?** potrei avere un'altra bottiglia? *[potray avayray]*; **may I?** posso?
**maybe** forse *[forsay]*; **maybe not** forse no
**mayonnaise** la maionese *[ma-yonayzay]*
**me: come with me** vieni con me *[v-yenee kon may]*; **it's for me** è per me *[ay pair may]*; **it's me** sono io *[ee-o]*; **me too** anch'io *[ankee-o]*; *see page 109*
**meal: that was an excellent meal** il pranzo era eccellente *[prantzo aira echellentay]*; **does that include meals?** compresi i pasti? *[komprayzee]*
**mean: what does this word mean?** cosa significa questa parola? *[koza seenyeefeeka kwesta]*; **what does he mean?** che cosa intende? *[kay koza eentenday]*
**measles** il morbillo *[morbeel-lo]*; **Ger-**

**man measles** la rosolia *[rozolee-a]*
**measurements** le misure *[meezooray]*
**meat** la carne *[karnay]*
**mechanic: do you have mechanic here?** c'è un meccanico qui? *[chay oon mekkaneeko kwee]*
**medicine** una medicina *[medeecheena]*
**medieval** medievale *[med-yayvalay]*
**Mediterranean** il Mediterraneo *[medeetair-ranay-o]*
**medium** medio
**medium-dry** semisecco
**medium-sized** di taglia media *[tal-ya]*
**meet: pleased to meet you** piacere di conoscerla *[pee-achairay dee konoshairla]*; **where shall we meet?** dove ci troviamo? *[dovay chee trov-yamo]*; **let's meet up again** vediamoci ancora *[vayd-yamochee]*
**meeting** (*business etc*) un incontro
**meeting place** il luogo di incontro *[lwogo]*
**melon** un melone *[melonay]*
**member** un membro; **I'd like to become a member** vorrei diventare membro *[vor-ray deevayntaray]*
**mend: can you mend this?** è in grado di ripararlo? *[ay]*
**men's room** la toilette (per uomini) *[twalet pair wo-meenee]*
**mention: don't mention it** si figuri *[see feegooree]*
**menu** il menu *[minoo]*
**mess** una confusione *[konfooz-yonay]*
**message: are there any messages for me?** c'è nessun messaggio per me? *[chay nays-soon mes-saj-jo pair may]*; **I'd like to leave a message for ...** vorrei lasciare un messaggio per ... *[vor-ray lasharay ...]*
**metal** il metallo
**metre, meter** un metro; *see page 119*
**midday: at midday** a mezzogiorno *[metzojorno]*
**middle: in the middle** nel mezzo *[metzo]*; **in the middle of the road** in mezzo alla strada; **in the middle ages** nel Medio Evo
**midnight: at midnight** a mezzanotte *[metzanot-tay]*
**might: I might want to stay another 3 days** forse dovrò fermarmi per ancora 3 notti *[forsay dovro fairmarmee pair]*; **you might have warned me!** potevate avvertirmi! *[potayvatay av-vairteermee]*
**migraine** un'emicrania
**Milan** Milano
**mild** leggero *[lej-jairo]*; (*weather*) mite *[meetay]*
**mile** un miglio *[meel-yo]*; **that's miles away!** è lontanissimo! *[ay]*; *see page 119*
**mileometer** il contachilometri *[kontakeelomaytree]*
**military** militare *[—taray]*
**milk** il latte *[lat-tay]*
**milkshake** un frappé *[frap-pay]*
**millimetre, millimeter** un millimetro
**minced meat** la carne macinata *[karnay macheenata]*
**mind: I don't mind** non è un problema per me *[non ay ... pair may]*; (*either will do etc*) è lo stesso *[ay]*; **would you mind if I ...?** le dispiace se ...? *[lay deespee-achay say]*; **never mind!** non fa niente *[nyentay]*; **I've changed my mind** ho cambiato idea *[o kamb-yato eeday-a]*
**mine: it's mine** è mio *[ay mee-o]*; *see page 111*
**mineral water** l'acqua minerale *[akwa meenairalay]*
**minimum** il minimo
**mint** (*sweet*) una mentina
**minus** meno *[mayno]*; **minus 3 degrees** 3 gradi sotto lo zero *[tzairo]*
**minute** un minuto *[meenooto]*; **in a minute** in un attimo; **just a minute** solo un attimo
**mirror** uno specchio *[spek-yo]*
**Miss** la signorina *[seen-yoreena]*
**miss: I miss you** mi manchi *[mee mankee]*; **there is a ... missing** manca un ...; **we missed the bus** abbiamo perso l'autobus *[ab-yamo pairso lowtoboos]*
**mist** la nebbiolina *[neb-yoleena]*
**mistake** uno sbaglio *[zbal-yo]*; **I think there's a mistake here** credo ci sia un errore *[kraydo chee see-a oon air-roray]*
**misunderstanding** un equivoco *[ekweevoko]*
**mixture** un miscuglio *[meeskool-yo]*
**mix-up: there's been some sort of mix-up with ...** ci deve esser stato un equivoco a proposito di ... *[chee dayvay es-sair stato oon ekweevoko a propozeeto dee]*
**modern** moderno *[modairno]*; **a modern art gallery** una galleria d'arte moderna *[gal-lairee-a dartay]*

**moisturizer** un prodotto idratante [*ee-dratantay*]
**moment** un momento; **I won't be a moment** faccio in un attimo [*facho*]
**monastery** un monastero [*monastairo*]
**Monday** lunedì [*loonaydee*]
**money** i soldi [*o*]; **I don't have any money** non ho soldi [*o*]; **do you take English/American money?** accettate moneta inglese/americana? [*achet-tatay ... eenglayzay/amaireekana*]
**month** un mese [*mayzay*]
**monument** un monumento [*monoomento*]
**moon** la luna [*loona*]
**moorings** gli ormeggi [*ormej-jee*]
**moped** un ciclomotore [*cheeklo-motoray*]
**more** più [*p-yoo*]; **may I have some more?** posso averne ancora? [*avairnay*]; **more water, please** ancora dell'acqua, per favore [*akwa pair favoray*]; **no more** basta; **more expensive** più caro; **more than 50** più di 50; **more than that** di più; **a lot more** molto di più; **not any more** non più; **I'm not staying there any more** non sto più lì
**morning** la mattina; **good morning** buon giorno [*bwon jorno*]; **this morning** questa mattina [*kwesta*]; **in the morning** di mattina
**mosquito** una zanzara [*tzantzara*]
**most: I like this one most** preferisco questo [*prayfaireesko kwesto*]; **most of the time** la maggior parte del tempo [*maj-jor partay*]; **most of the hotels** la maggior parte degli alberghi [*del-yee albairghee*]
**mother: my mother** mia madre [*mee-a madray*]
**motif** (*in patterns*) un motivo
**motor** il motore [*motoray*]
**motorbike** una motocicletta [*motocheeklet-ta*]
**motorboat** un motoscafo
**motorist** un automobilista [*owto-mobeeleesta*]
**motorway** l'autostrada
**motor yacht** uno yacht (a motore) [*motoray*]
**mountain** la montagna [*montan-ya*]; **up in the mountains** in montagna; **a mountain village** un paese di montagna [*paayzay*]
**mountaineer** un alpinista

**mountaineering** l'alpinismo
**mouse** un topo
**moustache** i baffi
**mouth** la bocca
**move: he's moved to another hotel** si è trasferito in un altro albergo [*see ay trasfaireeto ... albairgo*]; **could you move your car?** potrebbe spostare la macchina? [*potrayb-bay spostaray la makkeena*]
**movie** un film [*feelm*]; **let's go to the movies** andiamo al cinema [*and-yamo al cheenayma*]
**movie camera** una cinepresa [*cheenayprayza*]
**movie theater** un cinema [*cheenayma*]
**moving: a very moving tune** un'aria molto commovente [*kom-moventay*]
**Mr** il signor [*seen-yor*]
**Mrs** la signora [*seen-yora*]
**Ms** *no equivalent in Italian*
**much** molto; **much better** molto meglio [*mayl-yo*]; **much cooler** molto più fresco [*p-yoo*]; **not much** non molto; **not so much** non tanto
**mud** il fango
**muffler** (*on car*) la marmitta
**mug: I've been mugged** sono stato aggredito [*ag-graydeeto*]
**muggy** afoso
**mule** un mulo [*moolo*]
**mumps** gli orecchioni [*orek-yonee*]
**muscle** un muscolo [*mooskolo*]
**murals** dei dipinti murali [*mooralee*]
**museum** un museo [*moozay-o*]
**mushrooms** i funghi [*foonghee*]
**music** la musica [*moozeeka*]; **guitar music** una musica per chitarra [*pair keetarra*]; **do you have the sheet music for ...?** avete lo spartito di ...? [*avaytay*]
**musician** un musicista [*moozeecheesta*]
**mussels** le cozze [*kotzay*]
**must: I must ...** io devo ... [*ee-o dayvo*]; **I mustn't drink ...** non devo bere ... [*non ... bairay*]; **you mustn't forget** non devi dimenticare [*non dayvee deementeekaray*]
**mustache** i baffi
**mustard** la senape [*senapay*]
**my: my hotel** il mio albergo [*mee-o*]; **my car** la mia macchina [*mee-a*]; **my children** i miei bambini [*mee-ay-ee*]; *see page 108*

**myself: I'll do it myself** lo farò da me

# N

**nail** (*finger*) un'unghia *[oong-ya]*; (*wood*) un chiodo *[k-yodo]*
**nail clippers** un tagliaunghie *[tal-ya-oong-yay]*
**nailfile** una lima per le unghie *[pair lay oong-yay]*
**nail polish** lo smalto per unghie *[pair oong-yay]*
**nail polish remover** l'acetone *[ache-tonay]*
**nail scissors** le forbicine per unghie *[for-beecheenay pair oong-yay]*
**naked** nudo *[noodo]*
**name** il nome *[nomay]*; **what's your name?** come ti chiami? *[komay tee k-yamee]*; **what's its name?** come si chiama? *[k-yama]*; **my name is ...** mi chiamo ... *[k-yamo]*
**nap: he's having a nap** sta facendo un sonnellino *[fachendo]*
**napkin** una salvietta *[salv-yet-ta]*
**Naples** Napoli
**nappy** un pannolino per bambini *[pair]*
**nappy-liners** i proteggi-pannolino *[protej-jee —leeno]*
**narrow** stretto
**nasty** (*person*) antipatico; (*weather, cut*) brutto *[broot-to]*; (*taste*) sgradevole *[zgradayvolay]*
**national** nazionale *[natz-yonalay]*
**nationality** la nazionalità *[natz-yona-leeta]*
**natural** naturale *[natooralay]*
**naturally** naturalmente *[natooral-mentay]*
**nature** la natura *[natoora]*
**naturist** un(a) naturista *[natooreesta]*
**nausea** la nausea *[nowzay-a]*
**near: is it near here?** è qui vicino? *[ay kwee veecheeno]*; **near the window** vicino alla finestra; **do you go near ...?** passi per ...? *[pair]*; **where is the nearest ...?** dov'è il più vicino ...? *[dovay eel p-yoo]*
**nearby** vicino *[veecheeno]*
**nearly** quasi *[kwazee]*
**nearside** (*wheel etc*) destro
**neat** (*drink*) liscio *[leesho]*
**necessary** necessario *[neches-sario]*; **is it necessary to ...?** è necessario ...? *[ay]*; **it's not necessary** non è necessario
**neck** il collo
**necklace** la collana
**necktie** la cravatta
**need: I need a ...** ho bisogno di ... *[o beezon-yo]*; **it needs more salt** ci vuole ancora sale *[chee vwolay ... salay]*; **do I need to ...?** devo ...? *[dayvo]*; **there's no need** non ce n'è bisogno *[non chay]*; **there's no need to shout!** non serve che gridi! *[non sairvay kay]*
**needle** un ago
**negative** (*film*) un negativo
**negotiation** un negoziato *[naygotz-yato]*
**neighbo(u)r** un vicino *[veecheeno]*
**neighbo(u)rhood** il vicinato *[veechee-nato]*
**neither: neither of us** nessuno di noi *[nays-soono dee noy]*; **neither one** (*of them*) nessuno (di loro); **neither ... nor ...** né ... né ... *[nay]*; **neither do I** nemmeno io *[nem-mayno ee-o]*
**nephew: my nephew** mio nipote *[mee-o neepotay]*
**nervous** nervoso *[nairvozo]*
**net** (*fishing, tennis*) la rete *[raytay]*; **100,000 lire net** 100.000 lire nette *[leeray net-tay]*
**nettle** l'ortica
**neurotic** nevrotico
**neutral** (*gear*) folle *[fol-lay]*
**never** mai *[ma-ee]*
**new** nuovo *[nwovo]*
**news** (*TV etc*) le notizie *[noteetzee-ay]*; **is there any news?** ci sono novità? *[chee]*

# newspaper — nursery

**newspaper** il giornale *[jornalay]*; **do you have any English newspapers?** avete giornali inglesi? *[avaytay jornalee eenglayzee]*
**newsstand** un'edicola
**New Year** l'anno nuovo *[nwovo]*; **Happy New Year** felice anno nuovo *[fayleechay]*
**New Year's Eve** la vigilia di capodanno *[veejeel-ya]*
**New Zealand** la Nuova Zelanda *[nwova tzaylanda]*
**New Zealander** un(a) neozelandese *[nay-o-tzaylandayzay]*
**next** prossimo; **next to the post office** vicino all'ufficio postale *[veecheeno]*; **the one next to that** quello accanto *[kwello]*; **it's at the next corner** è al prossimo angolo *[ay]*; **next week** la settimana prossima; **next Monday** lunedì prossimo
**next door** accanto
**next of kin** il parente più prossimo *[parentay p-yoo]*
**nice** (*person*) simpatico; (*meal*) buono *[bwono]*; (*town*) bello; **that's very nice of you** molto carino da parte tua *[partay too-a]*; **a nice cold drink** una bella bibita ghiacciata *[g-yachata]*
**nickname** un soprannome *[—nomay]*
**niece: my niece** mia nipote *[mee-a neepotay]*
**night** la notte *[not-tay]*; **for one night** per una notte *[pair]*; **for three nights** per tre notti; **good night** buona notte *[bwona]*; **at night** di notte *[dee]*
**nightcap** (*drink*) una bevanda prima di coricarsi *[bayvanda]*
**nightclub** un locale notturno *[lokalay not-toorno]*
**nightdress** la camicia da notte *[kameecha da not-tay]*
**night flight** un volo notturno *[not-toorno]*
**nightie** la camicia da notte *[kameecha da not-tay]*
**night-life** la vita notturna *[not-toorna]*
**nightmare** un incubo *[eenkoobo]*
**night porter** il portiere di notte *[portyairay dee not-tay]*
**nit** (*bug*) un uovo di pidocchio *[wovo dee peedok-yo]*
**no** no; **I've no money** non ho soldi *[o]*; **there's no more** non ce n'è più *[non chay nay p-yoo]*; **no more than ...** non più di ...; **oh no!** (*upset*) oh no!
**nobody** nessuno *[nays-soono]*
**noise** un rumore *[roomoray]*
**noisy** rumoroso *[roomorozo]*; **it's too noisy** c'è troppo rumore *[chay ... roomoray]*
**non-alcoholic** analcolico
**none** nessuno *[nays-soono]*; **none of them** nessuno di loro
**nonsense** una sciocchezza *[shok-ketza]*
**non-smoking** non fumatori *[foomatoree]*
**non-stop** senza soste *[sentza sostay]*
**no-one** nessuno *[nays-soono]*
**nor: nor do I** nemmeno io *[nem-mayno ee-o]*
**normal** normale *[normalay]*
**north** il nord; **to the north** verso nord *[vairso]*
**northeast** il nord-est; **to the northeast** verso nord-est *[vairso]*
**Northern Ireland** l'Irlanda del Nord *[eerlanda]*
**northwest** il nord-ovest; **to the northwest** verso nord-ovest *[vairso]*
**Norway** la Norvegia *[norveja]*
**nose** il naso
**nosebleed** il sangue di naso *[sangway]*
**not** non; **I don't smoke** non fumo *[non foomo]*; **he didn't say anything** non ha detto niente *[a ... n-yentay]*; **it's not important** non è importante *[ay]*; **not that one** non quello; **not for me** per me no *[pair may no]*; *see page 117*
**note** (*bank note*) una banconota
**notebook** un block-notes *[blok-not]*
**nothing** niente *[n-yentay]*
**November** novembre *[novembray]*
**now** adesso; **not now** non adesso
**nowhere** da nessuna parte *[nays-soona partay]*
**nudist** un(a) nudista *[noodeesta]*
**nudist beach** una spiaggia per nudisti *[sp-yaj-ja pair noodeestee]*
**nuisance: he's being a nuisance** mi sta importunando *[mee]*
**numb** intorpidito
**number** un numero *[noomairo]*; **what number?** che numero? *[kay]*
**number plate** la targa
**nurse** un'infermiera *[eenfairm-yaira]*
**nursery** (*at airport etc*) una sala per i bambini *[pair]*

**nursery slope** una pista per principianti [pair preencheep-yantee]
**nut** una nocciola [nochola]; (*for bolt*) un dado
**nutter: he's a nutter** è un po' svitato [zveetato]

# O

**oar** un remo
**obligatory** obbligatorio
**oblige: much obliged** molte grazie [moltay gratzee-ay]
**obnoxious** detestabile [daytestabeelay]
**obvious: that's obvious** è palese [ay palay-zay]
**occasionally** occasionalmente [ok-kazyonalmentay]
**o'clock** *see page 118*
**October** ottobre [ot-tobray]
**octopus** una piovra [p-yovra]
**odd** (*number*) dispari; (*strange*) strano
**odometer** il contachilometri [kontakeelomaytree]
**of** di [dee]; **the name of the hotel** il nome dell'albergo [nomay del albairgo]; **have one of mine** prendi uno dei miei [day mee-a-yee]
**off: it just broke off** si è rotto [ay]; **20% off** meno il 20% [mayno]; **the lights were off** le luci erano spente [lay loochee airano spentay]; **just off the main road** vicino alla strada principale [veecheeno ... preencheepalay]
**offend: don't be offended** non offenderti [non of-fendairtee]
**office** un ufficio [oof-feecho]
**officer** (*said to policeman*) agente [ajentay]
**official** un ufficiale [oof-feechalay]; **is that official?** è ufficiale? [ay]
**off-season** fuori stagione [fworee stajonay]
**off-side** (*wheel etc*) sinistro
**often** spesso; **not often** non spesso
**oil** olio [ol-yo]; **it's losing oil** perde olio [pairday]; **will you change the oil?** può cambiarmi l'olio? [pwo kamb-yarmee]; **the oil light's flashing** si è accesa la spia dell'olio [see ay achayza la spee-a]

**oil painting** una pittura ad olio [peettoora ad ol-yo]
**oil pressure** la pressione dell'olio [pressyonay del ol-yo]
**ointment** un unguento [oongwento]
**OK** d'accordo; **are you OK?** tutto bene? [toot-to benay]; **that's OK thanks** va bene così, grazie [kozee gratzee-ay]; **that's OK by me** per me va bene [pair may]
**old** vecchio [vek-yo]; **how old are you?** quanti anni hai? [kwantee an-nee a-ee]
**old-age pensioner** un pensionato [pensyonato]
**old-fashioned** fuori moda [fworee]
**old town** la città vecchia [cheeta vek-ya]
**olive** un'oliva
**olive oil** l'olio d'oliva [ol-yo]
**omelet(te)** un'omelette [omlet]
**on** su [soo]; **on the beach** sulla spiaggia [sool-la sp-yaj-ja]; **on Friday** venerdì; **on television** per televisione [pair televeez-yonay]; **I don't have it on me** non ce l'ho con me [non chay lo kon may]; **this drink's on me** offro io da bere [ee-o da bairay]; **a book on Rome** un libro su Roma [soo]; **the warning light comes on** la spia si accende [spee-a see achenday]; **the light was on** la luce era accesa [loochay aira achayza]; **what's on in town?** cosa c'è da vedere in città? [koza chay da vedairay een cheeta]; **it's just not on!** (*not acceptable*) è inaccettabile! [ay eenachet-tabeelay]
**once** (*one time*) una volta; **at once** immediatamente [eem-med-yatamentay]
**one** uno [oono]; **that one** quello lì [kwel-lo lee]; **the green one** quello verde; **the one with the black dress on** quella col vestito nero [vesteeto nairo]; **the one in the**

**onion**

**blue shirt** quello con la camicia blu *[kameecha bloo]*
**onion** una cipolla *[cheepol-la]*
**only: only one** solo uno; **only once** solo una volta; **it's only 9 o'clock** sono solo le nove; **I've only just arrived** sono appena arrivato
**open** aperto *[apairto]*; **when do you open?** quando aprite? *[kwando apreetay]*; **in the open** (*open air*) all'aperto; **it won't open** non si apre *[non see apray]*
**opening times** orario di apertura *[apairtoora]*
**open-top** (*car*) decapottabile *[daykapottabeelay]*
**opera** l'opera *[opaira]*
**opera singer** un cantante lirico *[—tantay leereeko]*
**operation** un'operazione *[opairatzyonay]*
**operator** (*tel*) il(la) centralinista *[chentraleeneesta]*
**opportunity** un'opportunità *[oportooneeta]*
**opposite: opposite the church** di fronte alla chiesa *[dee frontay al-la k-yayza]*; **it's directly opposite** è esattamente di fronte *[ay ezat-tamentay]*
**oppressive** (*heat*) oppressivo *[op-presseevo]*
**optician** un ottico
**optimistic** ottimista
**optional** facoltativo
**or** o
**orange** (*fruit*) un'arancia *[arancha]*; (*colour*) arancione *[aranchonay]*
**orange juice** (*fresh*) una spremuta d'arancia *[spraymoota darancha]*; (*fizzy, diluted*) un'aranciata *[aranchata]*
**orchestra** un'orchestra
**order: could we order now?** possiamo ordinare ora? *[pos-yamo ordeenaray]*; **I've already ordered** ho già ordinato *[o ja]*; **I didn't order that** non è quello che ho ordinato *[non ay kwel-lo kay]*; **it's out of order** (*elevator etc*) non funziona *[foontz-yona]*
**ordinary** normale *[normalay]*
**organization** l'organizzazione *[organeetzatz-yonay]*
**organize** organizzare *[organeetzaray]*; **could you organize it?** può occuparsi dell'organizzazione? *[pwo ok-kooparsee del organeetzatz-yonay]*
**original** originale *[oreejeenalay]*; **is it an original?** (*painting etc*) è un originale? *[ay]*
**ornament** (*for room*) un soprammobile *[—mobeelay]*
**ostentatious** pretenzioso *[praytentzyozo]*
**other: the other waiter** l'altro cameriere *[kamair-yairay]*; **the other one** l'altro; **do you have any others?** ne avete degli altri? *[nay avaytay del-yee altree]*; **some other time, thanks** un'altra volta, grazie *[gratzee-ay]*
**otherwise** altrimenti
**ouch!** ahi! *[a-ee]*
**ought: he ought to be here soon** dovrebbe essere qui presto *[dovrayb-bay essairay kwee]*
**ounce** *see page 120*
**our** nostro; *see page 108*
**ours** il nostro (la nostra); *see page 111*
**out: he's out** (*of building etc*) è fuori *[ay fworee]*; **get out!** fuori di qui! *[kwee]*; **I'm out of money** sono a corto di soldi; **a few kilometres out of town** pochi chilometri fuori città *[pokee keelometree fworee cheeta]*
**outboard** (*motor*) un fuoribordo *[fworeebordo]*
**outdoors** all'aperto *[apairto]*
**outlet** (*elec*) una presa di corrente *[prayza dee kor-rentay]*
**outside: can we sit outside?** possiamo sedere fuori? *[pos-yamo saydairay fworee]*
**outskirts: on the outskirts of ...** alla periferia di ... *[paireefairee-a dee]*
**oven** un forno
**over: over here** qui *[kwee]*; **over there** lì *[lee]*; **over 100** più di cento *[p-yoo dee]*; **I'm burnt all over** sono tutto scottato *[toot-to]*; **the holiday's over** la vacanza è finita *[vakantza ay]*
**overcharge: you've overcharged me** c'è un errore nel conto *[chay oon air-roray]*
**overcoat** un soprabito
**overcooked** troppo cotto
**overdrive** l'overdrive
**overexposed** sovraesposto *[sovraesposto]*
**overheat: it's overheating** (*car*) si sta surriscaldando *[soorree-skaldando]*

**overland** per via di terra *[pair vee-a dee tair-ra]*
**overlook: overlooking the sea** che guarda sul mare *[kay gwarda sool maray]*
**overnight** (*travel*) di notte *[dee not-tay]*
**oversleep: I overslept** ho dormito troppo *[o]*
**overtake** sorpassare *[—saray]*
**overweight** (*person*) troppo grasso
**owe: how much do I owe you?** quanto le devo? *[kwanto lay dayvo]*
**own: my own ...** il mio ... *[mee-o]*; **are you on your own?** sei da solo? *[say]*; **I'm on my own** sono da solo
**owner** il proprietario *[propree-aytario]*
**oyster** un'ostrica

# P

**pack: a pack of cigarettes** un pacchetto di sigarette *[pak-ket-to dee —et-tay]*; **I'll go and pack** vado a fare le valigie *[faray la valeejay]*
**package** un pacco
**package holiday** una vacanza organizzata *[vakantza organeetzata]*
**package tour** una gita organizzata *[jeeta]*
**packed lunch** il pranzo al sacco *[prantzo]*
**packed out: the place was packed out** il posto era pieno zeppo *[airay p-yayno tzep-po]*
**packet** (*parcel*) un pacco; **a packet of cigarettes** un pacchetto di sigarette *[pak-ket-to dee —et-tay]*
**paddle** una pagaia *[paga-ya]*
**padlock** un lucchetto *[look-ket-to]*
**page** (*of book*) una pagina *[pajeena]*; **could you page him?** potete farlo chiamare? *[potaytay ... k-yamaray]*
**pain** un dolore *[doloray]*; **I have a pain here** mi fa male qui *[mee fa malay kwee]*
**painful** doloroso
**painkillers** degli analgesici *[analjezeechee]*
**paint** la vernice *[vairneechay]*; **I'm going to do some painting** ho intenzione di dipingere *[o eententz-yonay dee deepeenjairay]*
**paintbrush** un pennello
**painting** un dipinto
**pair: a pair of ...** un paio di ... *[pa-yo]*
**pajamas** un pigiama *[peejama]*
**Pakistan** il Pakistan
**Pakistani** pakistano
**pal** un amico (un'amica)
**palace** il palazzo *[palatzo]*
**pale** pallido; **pale blue** blu chiaro *[bloo k-yaro]*
**palm tree** una palma
**palpitations** le palpitazioni *[palpeetatz-yonee]*
**pancake** una crêpe *[krep]*
**panic: don't panic!** non farti prendere dal panico *[prendairay]*
**panties** le mutandine *[mootandeenay]*
**pants** (*trousers*) i pantaloni; (*underpants*) le mutande *[mootanday]*
**panty girdle** una guaina *[gwa-eena]*
**pantyhose** un collant *[kol-lan]*
**paper** la carta; (*newspaper*) un giornale *[jornalay]*; **a piece of paper** un pezzo di carta *[petzo]*
**paper handkerchiefs** i fazzoletti di carta *[fatzolet-tee]*
**paraffin** il cherosene *[kairozaynay]*
**parallel: parallel to ...** parallelo a ...
**paralytic** (*drunk*) ubriaco *[oobree-ako]*
**parasol** (*over table*) un parasole *[—solay]*
**parcel** un pacco
**pardon (me)?** (*didn't understand*) prego?
**parents: my parents** i miei genitori *[mee-ay-ee jeneetoree]*
**parents-in-law** i suoceri *[swochairee]*
**park** parcheggiare *[parkej-jaray]*; **where can I park?** dove posso parcheggiare? *[dovay]*; **there's nowhere to park** non si può parcheggiare da nessuna parte *[pwo ... nays-soona partay]*
**parka** un eskimo

**parking lights** le luci di posizione *[loo-chee dee pozeetz-yonay]*
**parking lot** un parcheggio *[parkej-jo]*
**parking place: there's a parking place!** ecco un parcheggio! *[parkej-jo]*
**part** una parte *[partay]*
**partner** un(a) partner
**party** (*group*) un gruppo *[groop-po]*; (*celebration*) una festa; **let's have a party** diamo una festa *[d-yamo]*
**pass** (*mountain*) un passo; (*overtake*) sorpassare *[—saray]*; **he passed out** è svenuto *[ay zvaynooto]*; **he made a pass at me** mi ha fatto delle proposte *[mee a fat-to del-lay propostay]*
**passable** (*road*) transitabile *[—abeelay]*
**passenger** un passeggero *[pas-sej-jairo]*
**passport** il passaporto
**past: in the past** in passato; **just past the bank** appena oltre la banca *[oltray]*; *see page 118*
**pastry** la pasta; (*cake*) un pasticcino *[pasteecheeno]*
**patch: could you put a patch on this?** può metterci una toppa? *[pwo met-tairchee]*
**pâté** il pâté
**path** un sentiero *[sent-yairo]*
**patient: be patient** abbi pazienza *[ab-bee patz-yentza]*
**patio** una terrazza *[tair-ratza]*
**pattern** (*on cloth etc*) un motivo; **a dress pattern** il modello di un vestito
**paunch** la pancia *[pancha]*
**pavement** (*sidewalk*) il marciapiede *[marchap-yayday]*
**pay** pagare *[pagaray]*; **can I pay, please?** il conto, per favore *[pair favoray]*; **it's already paid for** è già pagato *[ay ja]*; **I'll pay for this** pago io *[ee-o]*
**pay phone** una cabina telefonica
**peace and quiet** la pace *[pachay]*
**peach** una pesca
**peanuts** le arachidi *[arakeedee]*
**pear** una pera *[paira]*
**pear** una perla *[pairla]*
**peas** i piselli
**peculiar** bizzarro *[beetzar-ro]*
**pedal** un pedale *[—alay]*
**pedalo** un pedalò
**pedestrian** un pedone *[—onay]*
**pedestrian crossing** un attraversamento pedonale *[at-travairsamento —alay]*
**pedestrian precinct** una zona pedonale *[—alay]*
**pee: I need to go for a pee** devo fare la pipì *[dayvo faray]*
**peeping Tom** un guardone *[gwardonay]*
**peg** (*for washing*) una molletta; (*for tent*) un picchetto *[peek-ket-to]*
**pen** una penna; **do you have a pen?** ha una penna? *[a]*
**pencil** una matita
**pen friend** un corrispondente *[—dentay]*; **shall we be penfriends?** che ne diresti di scriverci? *[kay nay deerestee dee skreevairchee]*
**penicillin** la penicillina *[peneecheel-leena]*
**penknife** un temperino *[tempaireeno]*
**pen pal** un corrispondente *[—dentay]*
**pensioner** un pensionato *[pens-yonato]*
**people** la gente *[jentay]*; **a lot of people** molta gente; **Italian people** gli Italiani *[l-yee eetal-yanee]*
**pepper** (*spice*) il pepe *[pepay]*; **green/red pepper** il peperone *[paypaironay]*; **chili pepper** il peperoncino *[paypaironcheeno]*
**peppermint** (*sweet*) una caramella alla menta
**per: per night** a notte *[not-tay]*; **how much per hour?** quanto all'ora? *[kwanto]*
**per cent** per cento *[pair chento]*
**perfect** perfetto *[pairfet-to]*
**perfume** un profumo *[profoomo]*
**perhaps** forse *[forsay]*
**period** (*of time*) un periodo *[pairee-odo]*; (*woman's*) le mestruazioni *[mestroo-atzyonee]*
**perm** una permanente *[pairmanentay]*
**permit** un permesso *[pairmes-so]*
**person** una persona *[pairsona]*
**pessimist(ic)** pessimista
**petrol** la benzina *[bentzeena]*
**petrol can** una latta di benzina *[bentzeena]*
**petrol station** una stazione di servizio *[statz-yonay dee sairveetz-yo]*
**petrol tank** il serbatoio della benzina *[sairbato-yo del-la bentzeena]*
**pharmacy** una farmacia *[farmachee-a]*
**phone** *see* **telephone**
**photogenic** fotogenico
**photograph** una fotografia *[fotografee-*

**photographer**     50     **polish**

a]; **would you take a photograph of us?** può farci una fotografia? *[pwo farchee]*
**photographer** un fotografo
**phrase: a useful phrase** una frase utile *[frazay ooteelay]*
**phrasebook** un vocabolarietto *[—yet-to]*
**pianist** un(a) pianista *[p-yaneesta]*
**piano** un piano
**pickpocket** un borsaiolo *[borsa-yolo]*
**pick up: when can I pick them up?** quando posso ritirarli? *[kwando ... reeteerarlee]*; **will you come and pick me up?** puoi venire a prendermi? *[pwoy vayneeray a prendairmee]*
**picnic** un picnic
**picture** (*drawing*) un disegno *[deezaynyo]*; (*painting*) un quadro *[kwadro]*; (*photograph*) una fotografia *[fotografeea]*
**pie** (*meat*) un pasticcio *[pasteecho]*; (*fruit*) una torta
**piece** un pezzo *[petzo]*; **a piece of ...** un pezzo di ...
**pig** un maiale *[ma-yalay]*
**pigeon** un piccione *[peechonay]*
**piles** (*med*) le emorroidi *[emoroy-dee]*
**pile-up** un tamponamento a catena
**pill** una pillola; **I'm on the pill** prendo la pillola
**pillarbox** la cassetta delle lettere *[lettairay]*
**pillow** un cuscino *[koosheeno]*
**pillow case** una federa *[fedaira]*
**pin** uno spillo
**pineapple** l'ananas
**pineapple juice** un succo d'ananas *[sook-ko]*
**pink** rosa
**pint** *see page 121*
**pipe** un tubo *[toobo]*; (*smoking*) la pipa
**pipe cleaners** degli scovolini
**pipe tobacco** il tabacco da pipa
**pity: it's a pity** è un peccato *[ay]*
**pizza** una pizza
**place** un posto; **is this place taken?** è occupato questo posto? *[ay ok-koopato kwesto]*; **would you keep my place for me?** mi puoi tenere il posto? *[mee pwoy tenairay]*; **at my place** da me *[may]*
**place mat** un sottopiatto *[—p-yat-to]*
**plain** (*food*) semplice *[sempleechay]*; (*not patterned*) in tinta unita *[ooneeta]*
**plane** un aereo *[a-airay-o]*

**plant** una pianta *[p-yanta]*
**plaster cast** il gesso *[jes-so]*
**plastic** la plastica
**plastic bag** un sacchetto di plastica *[sakket-to]*
**plate** un piatto *[p-yat-to]*
**platform** il marciapiede *[marchapyayday]*; **which platform?** quale binario? *[kwalay beenar-yo]*
**play** giocare *[jokaray]*; (*in theatre*) una commedia *[—ayd-ya]*
**playboy** un playboy
**playground** un parco giochi *[jokee]*
**pleasant** piacevole *[pee-achayvolay]*
**please: could you please ...?** potrebbe per favore ...? *[potrayb-bay pair favoray]*; **yes please** sì, grazie *[see gratzee-ay]*; **come in please** entri prego *[praygo]*
**plenty: plenty of ...** un mucchio di ... *[mook-yo]*; **that's plenty thanks** basta così, grazi *[kozee gratzee-ay]*
**pleurisy** la pleurite *[play-ooreetay]*
**pliers** le pinze *[peentzay]*
**plonk** un vino ordinario
**plug** (*elec*) una spina; (*car*) una candela; (*bathroom*) un tappo
**plughole** lo scarico
**plum** una prugna *[proon-ya]*
**plumber** un idraulico *[eedrowleeko]*
**plus** più *[p-yoo]*
**p.m.: 4 p.m.** le 4 del pomeriggio *[pomaireej-jo]*; **9 p.m.** le 9 di sera *[saira]*
**pneumonia** la polmonite *[—eetay]*
**poached egg** un uovo in camicia *[wovo een kameecha]*
**pocket** una tasca; **in my pocket** in tasca
**pocketbook** (*woman's bag*) una busta *[boosta]*
**pocketknife** un temperino *[tempaireeno]*
**podiatrist** un callista
**point: could you point to it?** me lo può indicare? *[may lo pwo eendeekaray]*; **four point six** quattro virgola sei *[veergola]*; **there's no point** non serve a niente *[non sairvay a n-yentay]*
**points** (*car*) le puntine *[poonteenay]*
**poisonous** velenoso *[velaynozo]*
**police** la polizia *[poleetzee-a]*; **call the police!** chiamate la polizia! *[k-yamatay]*
**policeman** un poliziotto *[poleetz-yoto]*
**police station** il commissariato
**polish** del lucido *[loocheedo]*; **will you polish my shoes?** potrebbe lucidarmi le

**polite**       51       **problem**

scarpe? *[potrayb-bay loocheedarmee lay skarpay]*
**polite** educato *[edookato]*
**politician** un politico
**politics** la politica
**polluted** inquinato *[eenkweenato]*
**pond** uno stagno *[stan-yo]*
**pony** un pony
**pool** (*swimming*) una piscina *[peesheena]*; (*game*) il biliardo *[beel-yardo]*
**pool table** un tavolo da biliardo *[beel-yardo]*
**poor** (*not rich*) povero *[povairo]*; (*quality etc*) scadente *[—dentay]*; **poor old Mario!** povero vecchio Mario! *[vek-yo]*
**Pope** il Papa
**pop music** la musica pop *[moozeeka]*
**popsicle** (*tm*) un ghiacciolo *[ghee-acholo]*
**pop singer** un cantante pop *[—tantay]*
**popular** popolare *[—aray]*
**population** la popolazione *[popolatzyonay]*
**pork** il maiale *[ma-yalay]*
**port** (*for boats, drink*) un porto
**porter** (*hotel*) il portiere *[port-yairay]*; (*for luggage*) un facchino *[fak-keeno]*
**portrait** un ritratto
**Portugal** il Portogallo
**poser** (*phoney person*) una persona affettata *[pairsona]*; (*show-off male*) un pappagallo
**posh** (*restaurant*) chic *[sheek]*; **posh people** la gente bene *[jentay benay]*
**possibility** una possibilità
**possible** possibile *[pos-seebeelay]*; **is it possible to ...?** è possibile ...? *[ay]*; **as soon as possible** prima possibile
**post** (*mail*) la posta; **could you post this for me?** potrebbe imbucare questa per me? *[potrayb-bay eembookaray kwesta pair may]*
**postbox** la buca delle lettere *[booka dellay let-tairay]*
**postcard** una cartolina
**poster** un manifesto
**poste restante** fermo posta *[fairmo]*
**post office** un officio postale *[oof-feecho postalay]*
**pot** una pentola; **a pot of tea** del tè *[tay]*; **pots and pans** delle pentole *[pentolay]*
**potato** una patata
**potato chips** le patatine *[patateenay]*
**potato salad** un'insalata di patate *[patatay]*

**pottery** la ceramica *[chairameeka]*
**pound** (*money*) la sterlina *[stairleena]*; (*weight*) una libbra; *see page 120*
**pour: it's pouring down** sta diluviando *[deeloov-yando]*
**powder** (*for face*) la cipria *[cheepree-a]*
**powdered milk** il latte in polvere *[lat-tay een polvairay]*
**power cut** un'interruzione della corrente *[eentair-rootz-yonay ... kor-rentay]*
**power point** una presa di corrente *[prayza dee kor-rentay]*
**power station** una centrale *[chentralay]*
**practise, practice: I need to practise** devo esercitarmi *[dayvo ezaircheetarmee]*
**pram** una carrozzina *[kar-rotzeena]*
**prawn cocktail** un cocktail di gamberetti *[gambairet-tee]*
**prawns** i gamberetti *[gambairet-tee]*
**prefer: I prefer white wine** preferisco il vino bianco *[prayfaireesko]*
**preferably: preferably not tomorrow** non domani, preferibilmente *[prayfaireebeelmentay]*
**pregnant** incinta *[eencheenta]*
**prescription** una ricetta *[reechet-ta]*
**present: at present** al momento; **here's a present for you** c'è un regalo per te *[chay oon raygalo pair tay]*
**president** il presidente *[prezeedentay]*
**press: could you press these?** potrebbe stirare questi? *[potrayb-bay steeraray kwestee]*
**pretty** grazioso *[gratz-yozo]*; **it's pretty expensive** è piuttosto caro *[ay p-yootosto]*
**price** il prezzo *[pretzo]*
**prickly heat** la sudamina *[soodameena]*
**priest** un sacerdote *[sachairdotay]*
**prime minister** il primo ministro
**print** (*picture*) una stampa
**printed matter** le stampe *[stampay]*
**priority** (*in driving*) la precedenza *[prechaydentza]*
**prison** la prigione *[preejonay]*
**private** privato; **private bath** il bagno privato *[ban-yo]*
**prize** un premio *[praym-yo]*
**probably** probabilmente *[—eelmentay]*
**problem** un problema *[—layma]*; **I have a problem** ho un problema *[o]*; **no problem** nessun problema *[nays-soon]*

**product** un prodotto
**program(me)** il programma
**promise: I promise** prometto; **is that a promise?** è una promessa? *[ay]*
**pronounce: how do you pronounce this word?** come si pronuncia questa parola? *[komay see pronooncha kwesta]*
**properly: it's not repaired properly** non è perfettamente riparato *[non ay pairfet-tamentay]*
**prostitute** una prostituta *[prosteetoota]*
**protect** proteggere *[protej-jairay]*
**protection factor** il fattore di protezione *[fat-toray dee protetz-yonay]*
**protein remover tablets** le tavolette proteolitiche *[protay-oleeteekay]*
**Protestant** protestante *[—tantay]*
**proud** fiero *[f-yairo]*
**prunes** le prugne secche *[proon-yay sekkay]*
**public** pubblico *[poob-bleeko]*
**public convenience** i gabinetti pubblici *[poob-bleechee]*
**public holiday** una festa nazionale *[natzyonalay]*
**pudding** (*dessert*) un desert *[days-sair]*
**pull** tirare *[teeraray]*; **he pulled out without indicating** si è spostato senza mettere la freccia *[ay ... sentza mettairay la frecha]*
**pullover** un pullover
**pump** una pompa
**punctual** puntuale *[poontoo-alay]*
**puncture** una foratura *[foratoora]*
**pure** puro *[pooro]*
**purple** viola *[v-yola]*
**purse** un portamonete *[—monetay]*; (*handbag*) una borsetta
**push** spingere *[speen-jairay]*; **don't push in!** (*into queue*) non spinga!
**push-chair** un passeggino *[pas-sej-jeeno]*
**put: where did you put ...?** dove hai messo ...? *[dovay a-ee]*; **where can I put ...?** dove posso mettere ...? *[met-tairay]*; **could you put the lights on?** puoi accendere le luci? *[pwoy achendairay lay loochee]*; **will you put the light out?** spegni la luce *[spen-yee la loochay]*; **you've put the price up** avete alzato il prezzo *[avaytay altzato eel pretzo]*; **could you put us up for the night?** ci potete ospitare per una notte? *[chee potaytay ospeetaray pair oona not-tay]*
**pyjamas** il pigiama *[peejama]*


# Q

**quality** la qualità *[kwaleeta]*; **poor quality** la qualità scadente *[—entay]*; **good quality** la buona qualità *[bwona]*
**quarantine** la quarantena *[kwarantayna]*
**quart** *see page 121*
**quarter** un quarto *[kwarto]*; **a quarter of an hour** un quarto d'ora; *see page 118*
**quay** il molo
**quayside: on the quayside** sulla banchina *[sool-la bankeena]*
**question** la domanda; **that's out of the question** non se ne parla nemmeno *[non say nay parla nem-mayno]*
**queue** la fila; **there was a big queue** c'era una lunga fila *[chaira oona loonga]*
**quick** veloce *[vaylochay]*; **that was quick** che velocità *[kay vaylocheeta]*; **which is the quickest way?** qual'è la strada più breve? *[kwalay ... p-yoo brevay]*
**quickly** velocemente *[vaylochaymentay]*
**quiet** tranquillo *[trankweel-lo]*; **be quiet** taci *[tachee]*
**quinine** il chinino *[keeneeno]*
**quite: quite a lot** parecchio *[parek-yo]*; **it's quite different** è completamente diverso *[ay —mentay deevairso]*; **I'm not quite sure** non so esattamente *[—mentay]*

# R

**rabbit** il coniglio *[koneel-yo]*
**rabies** la rabbia *[rab-ya]*
**race** la corsa; **I'll race you there** facciamo a chi arriva prima *[fachamo a kee]*
**racket** la racchetta *[rak-ket-ta]*
**radiator** il radiatore *[—toray]*
**radio** la radio; **on the radio** per radio *[pair]*
**rag** (*cleaning*) lo straccio *[stracho]*
**rail: by rail** in treno *[trayno]*
**railroad, railway** la ferrovia *[fair-rovee-a]*
**railroad crossing** un passaggio a livello *[pas-saj-jo]*
**rain** la pioggia *[p-yoj-ja]*; **in the rain** sotto la pioggia; **it's raining** piove *[p-yovay]*
**rain boots** gli stivali di gomma
**raincoat** un impermeabile *[eempairmay-abeelay]*
**rape** uno stupro *[stoopro]*
**rare** raro; (*steak*) al sangue *[sangway]*
**rash** (*on skin*) una eruzione cutanea *[erootz-yonay kootanay-a]*
**raspberries** i lamponi
**rat** un ratto
**rate** (*for changing money*) il cambio; **what's the rate for the pound?** a quanto è la sterlina? *[a kwanto ay la stairleena]*; **what are your rates?** (*car hire etc*) quali sono le vostre tariffe? *[kwalee sono lay vostray tareef-fay]*
**rather: it's rather late** è piuttosto tardi *[ay p-yootosto]*; **I'd rather have fish** preferirei del pesce *[prayfaireeray del peshay]*
**raw** crudo *[kroodo]*
**razor** un rasoio *[razo-yo]*
**razor blades** le lamette *[lamet-tay]*
**reach: within easy reach** a portata di mano
**read** leggere *[lej-jairay]*; **I can't read it** non riesco a leggerlo *[non ree-esko]*
**ready: when will it be ready?** quando sarà pronto? *[kwando]*; **I'll go and get ready** vado a prepararmi; **I'm not ready yet** non sono ancora pronto
**real** reale *[ray-alay]*
**really** veramente *[vairamentay]*; **I really must go** devo proprio andarmene *[dayvo ... andarmaynay]*; **is it really necessary?** è proprio necessario? *[neches-sario]*
**realtor** una agenzia immobiliare *[ajen-tzee-a eem-mobeel-yaray]*
**rear: at the rear** sul retro *[sool]*
**rear wheels** le ruote posteriori *[rwotay postair-yoree]*
**rearview mirror** lo specchietto retrovisore *[spek-yet-to retroveezoray]*
**reason: the reason is that ...** la ragione è che ... *[rajonay ay kay]*
**reasonable** (*price, arrangement*) ragionevole *[rajonayvolay]*; (*quite good*) discreto
**receipt** la ricevuta *[reechayvoota]*
**recently** recentemente *[raychentaymentay]*
**reception** (*hotel*) la reception; (*for guests*) un ricevimento *[reechayveemento]*
**reception desk** la reception
**receptionist** il(la) receptionist
**recipe** la ricetta *[reechet-ta]*; **can you give me the recipe for this?** me ne da la ricetta? *[may nay]*
**recognize** riconoscere *[reekonoshairay]*; **I didn't recognize it** non l'ho riconosciuto *[non lo reekonoshooto]*
**recommend: could you recommend ...?** mi potrebbe consigliare ...? *[mee potrayb-bay konseel-yaray]*
**record** (*music*) un disco
**record player** il giradischi *[jeeradeeskee]*
**red** rosso
**red wine** il vino rosso
**reduction** (*in price*) uno sconto
**refreshing** rinfrescante *[—antay]*
**refrigerator** il frigorifero *[freegoreefairo]*

**refund: do I get a refund?** sarò rimborsato?

**region** una regione [rejonay]

**registered: by registered mail** raccomandata

**registration number** (of car) il numero di immatricolazione [noomairo dee eematreekolatz-yonay]

**relative: my relatives** i miei parenti [mee-ay-ee parentee]

**relaxing: it's very relaxing** è molto rilassante [ay ... reelas-santay]

**reliable** (car) sicuro [seekooro]; **he's very reliable** puoi contare su di lui [pwoy kontaray soo dee loo-ee]

**religion** la religione [releejonay]

**remains** (of old city etc) i resti

**remember: I don't remember** non ricordo; **do you remember?** ti ricordi?

**remote** (village etc) isolato

**rent** (for room etc) l'affitto; **I'd like to rent a bike/car** vorrei noleggiare una bici/macchina [vor-ray nolej-jaray oona beechee/mak-keena]

**rental car** una macchina a noleggio [mak-keena a nolej-jo]

**repair** riparare [repararay]; **can you repair this?** può riparare questo? [pwo ... kwesto]

**repeat** ripetere [repetairay]; **would you repeat that?** può ripetere? [pwo]

**representative** (of company) un rappresentante [—tantay]

**rescue** salvare [salvaray]

**reservation** una prenotazione [praynotatz-yonay]; **I have a reservation** ho prenotato [o praynotato]

**reserve** prenotare [praynotaray]; **I reserved a room in the name of ...** ho prenotato una stanza sotto il nome ... [o praynotato oona stantza ... nomay]; **can I reserve a table for tonight?** vorrei prenotare un tavolo per stasera [vor-ray ... pair stasaira]

**rest: I need a rest** (holiday etc) ho bisogno di riposarmi [o beezon-yo]; **the rest of the group** il resto del gruppo

**restaurant** un ristorante [—antay]

**rest room** la toilette [twalet]

**retired: I'm retired** sono in pensione [pens-yonay]

**return: a return to Pompei** un biglietto di andata e ritorno per Pompei [beel-yet-to ... pair]; **I'll return it tomorrow** lo restituirò domani [resteetoo-eero]

**returnable** (deposit) che viene restituito [kay v-yenay resteetoo-eeto]

**reverse charge call** una telefonata a carico del destinatario

**reverse gear** la retromarcia [retromarcha]

**revolting** disgustoso [deezgoostozo]

**rheumatism** un reumatismo [ray-oomateezmo]

**rib** una costola; **a cracked rib** una costola rotta

**ribbon** (for hair) un nastro

**rice** il riso [reezo]

**rich** (person) ricco [reek-ko]; **it's too rich** (food) è troppo sostanzioso [ay ... sostantz-yozo]

**ride: can you give me a ride into town?** può darmi un passaggio fino in città? [pwo darmee oon pas-saj-jo feeno een cheeta]; **thanks for the ride** grazie del passaggio [gratzee-ay]

**ridiculous: that's ridiculous!** è ridicolo [ay]

**right** (correct) giusto [joosto]; (not left) destro; **you're right** hai ragione [a-ee rajonay]; **you were right** avevi ragione [avayvee]; **that's right** è giusto [ay]; **that can't be right** non è possibile [non ay pos-seebeelay]; **right!** (OK) d'accordo; **is this the right road for ...?** è la strada giusta per ...? [ay ... joosta pair]; **on the right** a destra; **turn right** gira a destra [jeera]; **not right now** non subito [non soobeeto]

**righthand drive** la guida a destra [gweeda]

**ring** (on finger) un anello; **I'll ring you** ti telefono

**ring road** la circonvallazione [cheerkonval-latz-yonay]

**ripe** maturo [matooro]

**rip-off: it's a rip-off** è un furto [ay oon foorto]; **rip-off prices** dei prezzi esorbitanti [pretzee]

**risky** rischioso [reesk-yozo]; **it's too risky** è troppo rischioso [ay]

**river** un fiume [f-yoomay]; **by the river** sul fiume [sool]

**road** la strada; **is this the road to ...?** è questa la strada per ...? [ay kwesta ... pair]; **further down the road** più avanti

**road accident**          **safe**

su questa strada *[p-yoo ... soo kwesta]*
**road accident** un incidente stradale *[een-cheedentay —alay]*
**road hog** un pirata della strada
**road map** una cartina stradale *[—alay]*
**roadside: by the roadside** sul ciglio della strada *[sool cheel-yo]*
**roadsign** un segnale stradale *[sen-yalay —alay]*
**roadwork(s)** dei lavori stradali
**roast beef** il roast beef *[roz beef]*
**rob: I've been robbed!** sono stato derubato! *[dairoobato]*
**robe** (*housecoat*) una vestaglia *[vestal-ya]*
**rock** (*stone*) una roccia *[rocha]*; **on the rocks** (*with ice*) con ghiaccio *[g-yacho]*
**rocky** (*coast*) roccioso *[rochozo]*
**roll** (*bread*) un panino
**Roman Catholic** cattolico
**romance** un idillio *[eedeel-yo]*
**Rome** Roma; **when in Rome ...** paese che vai usanze che trovi *[pa-ayzay kay va-ee oozantzay kay trovee]*
**roof** il tetto; **on the roof** sul tetto *[sool]*
**roof rack** il portapacchi *[—pak-kee]*
**room** una stanza *[stantza]*; **do you have a room?** avete una stanza? *[avaytay]*; **a room for two people** una stanza per due persone *[pair doo-ay pairsonay]*; **a room for three nights** una stanza per tre notti *[tray not-tee]*; **a room with bathroom** una stanza con bagno *[ban-yo]*; **in my room** nella mia stanza *[mee-a]*; **there's no room** non c'è posto *[non chay]*
**room service** il servizio in camera *[sair-veetz-yo een kamaira]*
**rope** una corda
**rose** una rosa
**rosé** (*wine*) rosé
**rotary** una rotatoria
**rough** (*sea*) mosso; (*crossing*) brutto *[broot-to]*; **the engine sounds a bit rough** il motore sembra un po' arruginito *[motoray ... aroojeeneeto]*; **I've been sleeping rough** ho dormito all'aperto *[o... apairto]*
**roughly** (*approximately*) grossomodo
**roulette** la roulette
**round** rotondo; **it's my round** tocca a me *[may]*
**roundabout** una rotatoria
**round-trip: a round-trip ticket to ...** un biglietto di andata e ritorno per ... *[beel-yet-to ... pair]*
**route** il tragitto *[trajeet-to]*; **what's the best route?** qual'è il tragitto migliore? *[kwalay ... meel-yoray]*
**rowboat, rowing boat** una barca a remi *[raymee]*
**rubber** la gomma
**rubber band** un elastico
**rubbish** (*waste*) i rifiuti *[reef-yootee]*; (*poor quality items*) una porcheria *[porkairee-a]*; **rubbish!** sciocchezze! *[shok-ketzay]*
**rucksack** uno zaino *[tza-eeno]*
**rude** sgarbato *[zgarbato]*; **he was very rude** è stato molto sgarbato *[ay]*
**rug** un tappeto
**ruins** (*of ancient city etc*) le rovine *[ro-veenay]*
**rum** il rum *[room]*
**rum and coke** una coca col rum *[room]*
**run** (*person*) correre *[kor-rairay]*; **I go running** faccio del jogging *[facho]*; **quick, run!** presto, corri!; **how often does the bus run?** ogni quanto tempo passa l'autobus? *[on-yee kwanto ... lowtoboos]*; **he's been run over** è stato investito *[ay]*; **I've run out of gas/petrol** sono rimasto senza gas/benzina *[sentza bentzeena]*
**rupture** (*med*) un'ernia *[airnia]*
**Russia** Russia *[roos-see-a]*

# S

**saccharine** la saccarina
**sad** triste *[treestay]*
**saddle** la sella
**safe** sicuro *[seekooro]*; **will it be safe here?** sarà al sicuro qui? *[kwee]*; **is it safe to drink?** si può berlo senza pericolo?

**safety pin** *[see pwo bairlo sentza paireekolo]*; **is it a safe beach for swimming?** si può nuotare qui senza pericolo? *[nwotaray]*; **could you put this in your safe?** può mettere questo in cassaforte? *[pwo met-tairay kwesto een kas-safortay]*
**safety pin** un ago di sicurezza *[seekooretza]*
**sail** la vela *[vayla]*; **can we go sailing?** usciamo in barca a vela? *[ooshamo]*
**sailboard** una tavola a vela *[vayla]*
**sailboarding: I like sailboarding** mi piace fare del windsurf *[mee pee-achay faray]*
**sailor** un marinaio *[mareena-yo]*
**salad** l'insalata
**salad cream** la maionese *[ma-yonayzay]*
**salad dressing** il condimento per l'insalata *[pair]*
**sale: is it for sale?** è in vendita? *[ay]*; **it's not for sale** non è in vendita
**sales clerk** il commesso (la commessa)
**salmon** il salmone *[sal-monay]*
**salt** il sale *[salay]*
**salty: it's too salty** è troppo salato *[ay]*
**same** stesso; **one the same as this** uno come quello *[komay kwel-lo]*; **the same again, please** di nuovo questo, per favore *[dee nwovo kwesto pair favoray]*; **have a good day — same to you** buona giornata — anche a te *[bwona jornata — ankay a tay]*; **it's all the same to me** per me è la stessa cosa *[pair may ay ... koza]*; **thanks all the same** grazie lo stesso *[gratzee-ay]*
**sand** la sabbia
**sandal** un sandalo; **a pair of sandals** un paio di sandali *[pa-yo]*
**sandwich** un sandwich; **a chicken sandwich** un sandwich al pollo
**sandy: a sandy beach** una spiaggia di sabbia *[sp-yaj-ja]*
**sanitary napkin, sanitary towel** un assorbente igienico *[—entay eejeeneeko]*
**sarcastic** sarcastico
**sardines** le sardine *[sardeenay]*
**Sardinia** la Sardegna *[sardayn-ya]*
**Sardinian** sardo
**satisfactory** soddisfacente *[sod-deesfachentay]*; **this is not satisfactory** è inaccettabile *[ay een-achet-tabeelay]*
**Saturday** sabato
**sauce** la salsa
**saucepan** una padella

**saucer** un piattino *[p-yat-teeno]*
**sauna** la sauna *[sowna]*
**sausage** una salsiccia *[salseecha]*
**sauté potatoes** le patate saltate *[patatay saltatay]*
**save** (*life*) salvare *[salvaray]*
**savo(u)ry** salato
**say: how do you say ... in Italian?** come si dice ... in italiano? *[komay see deechay ... een eetal-yano]*; **what did you say?** cos'hai detto? *[koz a-ee]*; **what did he say?** cos'ha detto? *[koz a]*; **you can say that again** è il caso di dirlo *[ay]*; **I wouldn't say no** non dico di no
**scald: he's scalded himself** si è scottato *[ay]*
**scarf** una sciarpa *[sharpa]*; (*head*) un foulard *[foolar]*
**scarlet** scarlatto
**scenery** il paesaggio *[pa-eezaj-jo]*
**scent** (*perfume*) un profumo *[profoomo]*
**schedule** l'orario
**scheduled flight** un volo di linea *[leenya]*
**school** la scuola *[skwola]*; (*university*) l'università *[ooneevairseeta]*; **I'm still at school** vado ancora a scuola
**science** la scienza *[shee-entza]*
**scissors: a pair of scissors** un paio di forbici *[pa-yo dee forbeechee]*
**scooter** uno scooter
**scorching: it's really scorching** (*weather*) fa un caldo pazzesco *[patzesko]*
**score: what's the score?** qual'è il punteggio? *[kwalay eel poontej-jo]*
**scotch (whisky)** uno scotch
**Scotch tape** (*tm*) lo scotch
**Scotland** la Scozia *[skotzee-a]*
**Scottish** scozzese *[skotzayay]*
**scrambled eggs** delle uova strapazzate *[wova strapatzatay]*
**scratch** un graffio *[graf-yo]*; **it's only a scratch** è solo un graffio *[ay]*
**scream** strillare *[streelaray]*
**screw** una vite *[veetay]*
**screwdriver** un cacciavite *[kachaveetay]*
**scrubbing brush** (*for hands*) uno spazzolino per le unghie *[spatzoleeno pair lay oong-yay]*
**scruffy** trasandato
**scuba diving** l'immersione *[eemairsyonay]*
**sea** il mare *[maray]*; **by the sea** sul mare

**sea air** l'aria di mare [maray]
**seafood** i frutti di mare [froot-tee dee maray]
**seafood restaurant** un ristorante specializzato in frutti di mare [—antay spechaleetzato een froot-tee dee maray]
**seafront** il lungomare [loongomaray]; **on the seafront** sul lungomare [sool]
**seagull** un gabbiano [gab-yano]
**search** cercare [chairkaray]; **I searched everywhere** ho cercato dappertutto [o ... dap-pairtoot-to]
**search party** una squadra di soccorso [skwadra]
**seashell** una conchiglia [konkeel-ya]
**seasick: I feel seasick** ho il mal di mare [o ... maray]; **I get seasick** soffro il mal di mare
**seaside: by the seaside** sul mare [sool maray]; **let's go to the seaside** andiamo al mare [and-yamo]
**season** la stagione [stajonay]; **in the high season** in alta stagione; **in the low season** in bassa stagione
**seasoning** il condimento
**seat** un posto; **is this anyone's seat?** è libero questo posto? [ay leebairo kwesto]
**seat belt** la cintura di sicurezza [cheentoora dee seekooretza]; **do you have to wear a seatbelt?** bisogna usare la cintura di sicurezza? [beezon-ya oozaray]
**sea urchin** un riccio di mare [reecho dee maray]
**seaweed** le alghe marine [algay mareenay]
**secluded** isolato
**second** (adj) secondo; (time) un secondo; **just a second!** un attimo!; **can I have a second helping?** posso avere un'altra porzione? [avayray ... portz-yonay]
**second class** (travel) seconda classe [klassay]
**second-hand** di seconda mano
**secret** (adj) segreto; **a secret beach** una spiaggia segreta [sp-yaj-ja]
**security check** il controllo di sicurezza [seekooretza]
**sedative** un sedativo
**see** vedere [vaydairay]; **I didn't see it** non l'ho visto [non lo]; **have you seen my husband?** ha visto mio marito? [a ... mee-o]; **I saw him this morning** l'ho visto stamattina; **can I see the manager?** desidero parlare con il direttore [dayzeedairo parlaray ... deeret-toray]; **see you tonight!** ci vediamo stasera! [chee vayd-yamo stasaira]; **can I see?** posso vedere?; **oh, I see** ah, capisco; **will you see to it?** se ne può occupare lei? [say nay pwo ok-kooparay lay]
**seldom** raramente [—mentay]
**self-catering apartment** un appartamento (per le vacanze) [pair lay vakantzay]
**self-service** self-service
**sell** vendere [vendairay]; **do you sell ...?** avete ...? [avaytay]; **will you sell it to me?** me lo venderebbe? [may lo vendairayb-bay]
**sellotape** (tm) lo scotch
**send** mandare [mandaray]; **I want to send this to England** voglio mandare questo in Inghilterra [vol-yo ... kwesto een eenghiltair-ra]; **I'll have to send this back** (food) è immangiabile, lo mando indietro [ay eemanjabeelay ... eendyaytro]
**senior: Mr Jones senior** il signor Jones senior [seen-yor ... sayn-yor]
**senior citizen** un pensionato
**sensational** sensazionale [senatz-yonalay]
**sense: I have no sense of direction** non ho alcun senso dell'orientamento [non o alkoon]; **it doesn't make sense** non ha senso [a]
**sensible** sensato
**sensitive** sensibile [senseebeelay]
**sentimental** sentimentale [—talay]
**separate** separato; **can we have separate bills?** conti separati, per favore [pair favoray]
**separated: I'm separated** sono separato(a)
**separately** separatamente [—mentay]
**September** settembre [set-tembray]
**septic** infetto
**serious** serio [sair-yo]; **I'm serious** parlo sul serio [sool]; **you can't be serious!** stai scherzando? [sta-ee skairtzando]; **is it serious, doctor?** è grave, dottore? [ay gravay dot-toray]
**seriously: seriously ill** gravemente ammalato [grav-ementay]
**service: the service was excellent** il ser-

vizio era ottimo *[sairveetz-yo aira]*; **could we have some service, please!** vorremmo essere serviti, per cortesia! *[vor-raym-mo es-sairay sairveetee pair kortayzee-a]*; **(church) service** una funzione *[foontz-yonay]*; **the car needs a service** la macchina ha bisogno di una revisione *[mak-keena a beezon-yo ... reveez-yonay]*
**service charge** il prezzo del servizio *[pretzo del sairveetz-yo]*
**service station** una stazione di servizio *[statz-yonay dee sairveetz-yo]*
**serviette** un tovagliolo *[toval-yolo]*
**set: it's time we were setting off** è ora di partire *[ay ora dee parteeray]*
**set menu** il menu fisso *[minoo]*
**settle up: can we settle up now?** possiamo saldare il conto adesso? *[pos-yamo saldaray]*
**several** diversi *[deevairsee]*
**sew: could you sew this back on?** potrebbe riattaccarlo? *[potrayb-bay ree-at-tak-karlo]*
**sex** il sesso
**sexist** un sessista
**sexy** sexy
**shade: in the shade** all'ombra
**shadow** un'ombra
**shake: to shake hands** darsi la mano
**shallow** poco profondo
**shame: what a shame!** che peccato! *[kay]*
**shampoo** lo shampoo; **can I have a shampoo and set?** lavaggio e messa in piega, per favore *[lavaj-jo ... p-yayga pair favoray]*
**shandy, shandy-gaff** della birra con gassosa
**share** *(room, table)* dividere *[deeveedairay]*; **let's share the cost** dividiamo la spesa *[deeveed-yamo la spayza]*
**shark** uno squalo *[skwalo]*
**sharp** *(knife etc)* tagliente *[tal-yentay]*; *(taste)* aspro; *(pain)* acuto *[akooto]*
**shattered: I'm shattered** *(very tired)* sono distrutto *[deestroot-to]*
**shave: I need a shave** devo farmi la barba *[dayvo]*; **can you give me a shave?** mi fa la barba, per favore? *[pair favoray]*
**shaver** un rasoio *[razo-yo]*
**shaving brush** il pennello da barba
**shaving foam** la schiuma da barba *[sk-yooma]*
**shaving point** la presa per il rasoio *[prayza pair eel razo-yo]*
**shaving soap** il sapone da barba *[saponay]*
**shawl** uno scialle *[shal-lay]*
**she** lei *[lay]*; **is she staying here?** abita qui? *[kwee]*; **is she a friend of yours?** è una tua amica? *[ay oona too-a]*; **she left yesterday** è partita ieri *[ay ... yairee]*; **she's not English** non è inglese *[non ay eenglayzay]*; *see page XYZ*
**sheep** una pecora
**sheet** un lenzuolo *[lentz-wolo]*
**shelf** uno scaffale *[skaf-falay]*
**shell** *(seashell)* una conchiglia *[konkeel-ya]*
**shellfish** i frutti di mare *[froot-tee dee maray]*
**sherry** uno sherry
**shingles** *(med)* herpes zoster
**ship** una nave *[navay]*; **by ship** con la nave
**shirt** una camicia *[kameecha]*; **a clean shirt** una camicia pulita *[pooleeta]*
**shit!** merda *[mairda]*
**shock** *(surprise)* uno shock; **I got an electric shock from the ...** ho preso la scossa dal ... *[o prayzo]*
**shock-absorber** un ammortizzatore *[ammorteetzatoray]*
**shocking** scandaloso
**shoelaces** i lacci delle scarpe *[lachee del-lay skarpay]*
**shoe polish** il lucido da scarpe *[loocheedo da skarpay]*
**shoes** le scarpe *[skarpay]*; **a pair of shoes** un paio di scarpe *[pa-yo]*
**shop** un negozio *[naygotz-yo]*
**shopping: I'm going shopping** vado a fare le compere *[faray lay kompairay]*
**shop window** la vetrina
**shore** la sponda
**short** *(person)* basso; *(time)* poco; **it's only a short distance** non è tanto lontano *[non ay]*
**short-change: you've short-changed me** mi ha dato meno soldi come resto *[mee a dato mayno ... komay]*
**short circuit** un cortocircuito *[—cheerkoo-eeto]*
**shortcut** una scorciatoia *[skorchato-ya]*
**shorts** i calzoncini *[kaltzoncheenee]*;

**should**           59           **sit**

(*underwear*) le mutande *[mootanday]*
**should: what should I do?** cosa dovrei fare? *[koza dovray faray]*; **he shouldn't be long** non ci dovrebbe mettere tanto *[non chee dovrayb-bay met-tairay]*; **you should have told me** avresti dovuto dirmelo *[dovooto deermaylo]*
**shoulder** la spalla
**shoulder blade** la scapola
**shout** gridare *[greedaray]*
**show: could you show me?** mi può far vedere? *[mee pwo far vaydairay]*; **does it show?** si vede? *[see vayday]*; **we'd like to go to a show** vorremmo andare a vedere uno spettacolo *[vor-raym-mo andaray ... spet-takolo]*
**shower** (*in bathroom*) la doccia *[docha]*; **with shower** con doccia
**shower cap** una cuffia per la doccia *[koofya pair la docha]*
**show-off: don't be a show-off** è inutile che ti vanti *[ay eenooteelay kay tee vantee]*
**shrimps** i gamberetti *[gambairet-tee]*
**shrine** (*at roadside*) un tabernacolo *[tabairnakolo]*
**shrink: it's shrunk** si è stretto *[ay]*
**shut** chiudere *[k-yoodairay]*; **when do you shut?** quando chiudete? *[kwando k-yoodaytay]*; **when do they shut?** quando chiude? *[k-yooday]*; **it was shut** era chiuso *[aira k-yoozo]*; **I've shut myself out** mi sono chiuso fuori *[k-yoozo fworee]*; **shut up!** stai zitto! *[sta-ee tzeet-to]*
**shutter** (*phot*) l'otturatore *[ot-tooratoray]*; (*on window*) l'imposta
**shutter release** lo sblocco dell'otturatore *[zblok-ko del ot-tooratoray]*
**shy** timido
**Sicilian** siciliano *[seecheel-yano]*
**Sicily** la Sicilia *[seecheel-ya]*
**sick** ammalato; **I think I'm going to be sick** (*vomit*) credo che sto per vomitare *[kraydo kay sto pair vomeetaray]*
**side** il lato; (*in game*) la squadra *[skwadra]*; **at the side of the road** sul bordo della strada *[sool]*; **the other side of town** l'altra parte della città *[partay del-la cheeta]*
**side lights** le luci di posizione *[loochee dee positz-yonay]*
**side salad** un contorno di insalata

**side street** una stradina *[—eena]*
**sidewalk** il marciapiede *[marchap-yayday]*
**sidewalk cafe** un caffè all'aperto *[kaf-fay al apairto]*
**siesta** la siesta
**sight: the sights of ...** le attrazioni turistiche di ... *[at-tratz-yonee tooreesteekay dee]*
**sightseeing: sightseeing tour** un giro turistico *[jeero tooreesteeko]*; **we're going sightseeing** andiamo a fare un giro turistico *[and-yamo a faray]*
**sign** (*roadsign*) un segnale *[sen-yalay]*; (*notice*) un avviso; **where do I sign?** dove devo firmare? *[dovay dayvo feermaray]*
**signal: he didn't give a signal** non ha fatto alcun cenno *[non a fat-to alkoon chen-no]*
**signature** la firma
**signpost** un cartello stradale *[—alay]*
**silence** il silenzio *[seelentz-yo]*
**silencer** la marmitta
**silk** la seta *[sayta]*
**silly** sciocco *[shok-ko]*; **that's silly** che sciocchezza *[kay shok-ketza]*
**silver** l'argento *[arjento]*
**silver foil** la stagnola *[stan-yola]*
**similar** simile *[seemeelay]*
**simple** semplice *[sempleechay]*
**since: since yesterday** da ieri *[yairee]*; **since we got here** da quando siamo arrivati *[da kwando s-yamo]*
**sincere** sincero *[seenchairo]*
**sing** cantare *[kantaray]*
**singer** il(la) cantante *[—antay]*
**single: a single room** una stanza singola *[stantza]*; **a single to ...** un biglietto di sola andata per ... *[beel-yet-to ... pair]*; **I'm single** (*man*) sono celibe *[cheleebay]*; (*woman*) sono nubile *[noobeelay]*
**sink** (*kitchen*) l'acquaio *[akway-yo]*; **it sank** è affondato *[ay]*
**sir** signore *[seen-yoray]*; **excuse me, sir** mi scusi, signore *[mee skoozee]*
**sirloin** il controfiletto
**sister: my sister** mia sorella *[mee-a]*
**sister-in-law: my sister-in-law** mia cognata *[mee-a kon-yata]*
**sit: may I sit here?** posso sedere qui? *[saydairay kwee]*; **is anyone sitting here?** è libero questo posto? *[leebairo kwesto]*

**site** (*campsite etc*) un terreno [*tair-rayno*]
**sitting: the second sitting for lunch** il secondo turno per il pranzo [*toorno pair eel prantzo*]
**situation** la situazione [*seetoo-atz-yonay*]
**size** la taglia [*tal-ya*]
**sketch** uno schizzo [*skeetzo*]
**ski** uno sci [*shee*]; (*verb*) sciare [*shee-aray*]; **a pair of skis** un paio di sci [*pa-yo*]
**ski boots** gli scarponi da sci [*shee*]
**skid: I skidded** sono scivolato [*sheevolato*]
**skiing** lo sci [*shee*]; **we're going skiing** andiamo a sciare [*and-yamo a shee-aray*]
**ski instructor** il maestro di sci [*ma-estro dee shee*]
**ski-lift** lo ski-lift
**skin** la pelle [*pel-lay*]
**skin-diving** l'immersione [*eem-mairs-yonay*]; **I'm going skin-diving** vado a fare delle immersioni subacquee [*faray del-lay eem-mairs-yonee soobakway-ay*]
**skinny** mingherlino [*meengairleeno*]
**ski-pants** i calzoni da sci [*kaltzonee da shee*]
**ski-pass** uno ski-pass
**ski pole** la racchetta da sci [*rak-ket-ta da shee*]
**skirt** una gonna
**ski run** la pista da sci [*shee*]
**ski slope** il campo da sci [*shee*]
**ski wax** la sciolina [*shee-oleena*]
**skull** il teschio [*tesk-yo*]
**sky** il cielo [*chelo*]
**sleep: I can't sleep** non riesco a dormire [*non ree-esko a dormeeray*]; **did you sleep well?** hai dormito bene? [*a-ee ... benay*]; **I need a good sleep** ho bisogno di fare una buona dormita [*o beezon-yo dee faray oona bwona*]; **sleep well** buon riposo [*bwon reepozo*]
**sleeper** (*rail*) la cuccetta [*koochet-ta*]
**sleeping bag** il sacco a pelo
**sleeping car** il vagone letto [*vagonay*]
**sleeping pill** un sonnifero [*son-neefairo*]
**sleepy: I'm feeling sleepy** ho sonno [*o son-no*]
**sleet** il nevischio [*neveesk-yo*]
**sleeve** una manica
**slice** una fetta
**slide** (*phot*) una diapositiva [*dee-apozeeteeva*]
**slim** snello [*znel-lo*]; **I'm slimming** sono a dieta [*dee-ayta*]
**slip** (*under dress*) una sottoveste [*—vestay*]; **I slipped** (*on pavement etc*) sono scivolato [*sheevolato*]
**slipped disc** l'ernia del disco [*airnia*]
**slippery** scivoloso [*sheevolozo*]
**slow** lento; **slow down** rallenta
**slowly** lentamente [*—mentay*]; **could you say it slowly?** puoi dirlo più lentamente? [*pwoy deerlo p-yoo*]
**small** piccolo
**small change** gli spiccioli [*speecholee*]
**smallpox** il vaiolo [*va-yolo*]
**smart** (*clothes*) elegante [*—gantay*]
**smashing** eccezionale [*echetz-yonalay*]
**smell: there's a funny smell** c'è uno strano odore [*chay ... odoray*]; **what a lovely smell** che profumino [*kay profoomeeno*]; **it smells** puzza [*pootza*]
**smile** sorridere [*sor-reedairay*]
**smoke** il fumo [*foomo*]; **do you smoke?** fuma?; **do you mind if I smoke?** le dispiace se fumo? [*lay deespeeachay say*]; **I don't smoke** non fumo
**smooth** liscio [*leesho*]
**smoothy: he's a real smoothy** (*with women*) è un vero figo [*ay oon vairo feego*]
**snack: I'd just like a snack** vorrei fare uno spuntino [*vor-ray faray oono spoonteeno*]
**snackbar** uno snack-bar
**snake** un serpente [*sairpentay*]
**sneakers** le scarpe da ginnastica [*skarpay da jeenasteeka*]
**snob** uno snob
**snorkel** un respiratore a tubo [*respeeratoray a toobo*]
**snow** la neve [*nayvay*]
**so: it's so hot** fa così caldo [*kozee*]; **it was so beautiful!** era così bello! [*aira*]; **not so fast** più piano [*p-yoo*]; **thank you so much** tante grazie [*tantay gratzee-ay*]; **it wasn't — it was so!** non può essere — sì invece! [*no pwo es-sairay — see eenvaychay*]; **so am I** anch'io [*ankee-o*]; **so do I** anch'io; **how was it? — so-so** com'era? — così così
**soaked: I'm soaked** sono fradicio [*fradeecho*]
**soaking solution** (*for contact lenses*) la soluzione salina per lenti a contatto [*solootz-yonay ... pair*]
**soap** il sapone [*saponay*]

**soap-powder** un detersivo (in polvere) *[daytairseevo (een polvairay)]*
**sober** sobrio
**soccer** il calcio *[kalcho]*
**sock** un calzino *[kaltzeeno]*
**socket** (*elec*) una presa *[prayza]*
**soda water** il seltz
**sofa** un divano
**soft** morbido
**soft drink** una bibita analcolica
**soft lenses** le lenti morbide *[morbeeday]*
**soldier** un soldato
**sole** (*of shoe*) la suola *[swola]*; **could you put new soles on these?** può rifare le suole a queste scarpe? *[pwo reefaray lay swolay a kwestay skarpay]*
**solid** solido
**solid fuel** il combustibile solido *[komboosteebeelay]*
**some: may I have some water?** potrei avere dell'acqua? *[potray avairay del]*; **do you have some matches?** avete dei fiammiferi? *[avaytay day]*; **that's some wine!** questo è vino! *[kwesto ay]*; **some of them** alcuni *[alkoonee]*; **can I have some?** posso averne un po'? *[avairnay]*
**somebody, someone** qualcuno *[kwalkoono]*
**something** qualcosa *[kwalkoza]*; **something to drink** qualcosa da bere *[bairay]*
**sometime: sometime this afternoon** ad una certa ora, questo pomeriggio *[chairta ora kwesto pomaireej-jo]*
**sometimes** qualche volta *[kwalkay]*
**somewhere** da qualche parte *[kwalkay partay]*
**son: my son** mio figlio *[mee-o feel-yo]*
**song** una canzone *[kantzonay]*
**son-in-law: my son-in-law** mio genero *[mee-o jenairo]*
**soon** presto; **I'll be back soon** torno presto; **as soon as you can** prima possibile *[pos-seebeelay]*
**sore: it's sore** fa male *[malay]*
**sore throat** il mal di gola
**sorry: (I'm) sorry** mi scusi *[mee skoozee]*; **sorry?** (*pardon*) scusi?
**sort: what sort of ...?** che tipo di ...? *[kay teepo]*; **a different sort** un tipo diverso *[deevairso]*; **will you sort it out?** può risolverlo lei? *[pwo reesolvairlo lay]*
**soup** una zuppa *[tzoop-pa]*

**sour** (*taste, apple*) aspro
**south** il sud *[sood]*; **to the south** verso sud *[vairso]*
**South Africa** il Sudafrica *[soodafreeka]*
**South African** sudafricano *[soodafreekano]*
**southeast** il sud-est *[sood]*; **to the southeast** verso sud-est *[vairso]*
**southwest** il sud-ovest *[sood]*; **to the southwest** verso sud-ovest *[vairso]*
**souvenir** un souvenir
**spa** una stazione termale *[statz-yonay tairmalay]*
**space heater** un radiatore *[—toray]*
**spade** una pala
**Spain** la Spagna *[span-ya]*
**spanner** una chiave *[k-yavay]*
**spare part** un pezzo di ricambio *[petzo]*
**spare tyre/tire** la gomma di scorta
**spark(ing) plug** una candela
**speak: do you speak English?** parla inglese? *[eenglayzay]*; **I don't speak ...** non parlo ...; **can I speak to ...?** posso parlare con ...? *[parlaray]*; **speaking** (*tel*) sono io *[ee-o]*
**special** speciale *[spechalay]*; **nothing special** niente di speciale *[n-yentay]*
**specialist** uno specialista *[spechaleesta]*
**special(i)ty** (*in restaurant*) la specialità *[spechaleeta]*; **the special(i)ty of the house** la specialità della casa
**spectacles** gli occhiali *[ok-yalee]*
**speed** la velocità *[vaylocheeta]*; **he was speeding** stava correndo troppo
**speedboat** un motoscafo
**speed limit** il limite di velocità *[leemeetay dee vaylocheeta]*
**speedometer** il tachimetro *[takee—]*
**spell: how do you spell it?** come si scrive? *[komay see skreevay]*
**spend** (*money*) spendere *[spendairay]*; **I've spent all my money** ho speso tutti i soldi che avevo *[o spayzo toot-tee ... kay avayvo]*
**spice** una spezia *[spetzia]*
**spicy: it's very spicy** è molto piccante *[ay molto peek-kantay]*
**spider** un ragno *[ran-yo]*
**spin-dryer** la centrifuga *[chentreefooga]*
**splendid** splendido
**splint** (*for broken limb*) una stecca
**splinter** (*in finger etc*) una scheggia *[skej-ja]*

**splitting**

**splitting: I've got a splitting headache** ho un terribile mal di testa *[o oon tair-reebeelay]*
**spoke** (*in wheel*) un raggio *[raj-jo]*
**sponge** una spugna *[spoon-ya]*
**spoon** un cucchiaio *[kook-ya-yo]*
**sport** lo sport
**sport(s) jacket** una giacca sportiva *[jak-ka]*
**spot: will they do it on the spot?** lo faranno subito? *[soobeeto]*; (*on skin*) un foruncolo *[foroonkolo]*
**sprain: I've sprained my ...** mi sono slogato un ... *[zlogato]*
**spray** (*for hair*) la lacca
**spring** (*season*) la primavera *[preemavaira]*; (*in seat etc*) una molla
**square** (*in town*) la piazza *[p-yatza]*; **ten square metres/meters** dieci metri quadrati *[kwadratee]*
**squash** (*sport*) lo squash
**stain** (*on clothes*) una macchia *[mak-ya]*
**stairs** le scale *[skalay]*
**stale** raffermo *[raf-fairmo]*
**stall: the engine keeps stalling** il motore si blocca in continuazione *[motoray ... konteenoo-atz-yonay]*
**stalls** la platea *[platay-a]*
**stamp** un francobollo; **a stamp for England please** un francobollo per l'Inghilterra *[pair]*
**stand: I can't stand ...** non sopporto ...
**standard** standard
**standby** (*fly*) in lista d'attesa
**star** una stella
**start** l'inizio *[eeneetz-yo]*; (*verb*) iniziare *[eeneetz-yaray]*; **when does the film start?** quando comincia il film? *[kwando komeencha eel feelm]*; **the car won't start** la macchina non va in moto *[mak-keena]*
**starter** (*car*) lo starter; (*food*) l'antipasto
**starving: I'm starving** sto morendo di fame *[famay]*
**state** (*in country*) uno stato; **the States** (*USA*) gli Stati Uniti *[l-yee ... ooneetee]*
**station** la stazione *[statz-yonay]*
**statue** una statua *[statoo-a]*
**stay: we enjoyed our stay** è stata una piacevole vacanza *[ay ... pee-achayvolay vakantza]*; **where are you staying?** dove sei alloggiato? *[dovay say al-loj-jato]*; **I'm staying at ...** sono alloggiato a ...; **I'd like to stay another week** vorrei fermarmi ancora una settimana *[vor-ray fairmarmee]*; **I'm staying in tonight** resto a casa stasera *[stasaira]*
**steak** una bistecca
**steal: my bag has been stolen** mi hanno rubato la borsa *[mee an-no roobato]*
**steep** (*hill*) ripido
**steering** (*car*) lo sterzo *[stairtzo]*; **the steering is slack** lo sterzo è difettoso *[ay]*
**steering wheel** il volante *[volantay]*
**stereo** lo stereo *[stairay-o]*
**sterling** la sterlina *[stairleena]*
**stew** uno stufato *[stoofato]*
**steward** (*on plane*) lo steward
**stewardess** la hostess
**sticking plaster** un cerotto *[chairot-to]*
**sticky** appiccicoso *[ap-peecheekozo]*
**sticky tape** il nastro adesivo *[adayzeevo]*
**still: I'm still waiting** sto ancora aspettando; **will you still be open?** sarà ancora aperto? *[apairto]*; **it's still not right** non va ancora bene *[benay]*; **that's better still** ancora meglio *[mayl-yo]*
**sting: a bee sting** una puntura di ape *[poontoora]*; **I've been stung** sono stato punto *[poonto]*
**stink** una puzza *[pootza]*
**stockings** le calze *[kaltzay]*
**stolen: my wallet's been stolen** mi hanno rubato il portafoglio *[mee an-no roobato]*
**stomach** lo stomaco; **do you have something for an upset stomach?** avete qualcosa per il mal di stomaco? *[avaytay kwalkoza pair]*
**stomach-ache** il mal di stomaco
**stone** (*rock*) una pietra *[p-yaytra]*; *see page 120*
**stop** (*bus stop*) la fermata *[fairmata]*; **which is the stop for ...?** qual'è la fermata per ...? *[kwalay ... pair]*; **please stop here** fermi qui, per favore *[fairmee kwee pair favoray]*; **do you stop near ...?** ferma vicino a ...? *[veecheeno]*; **stop doing that!** smettila! *[zmet-teela]*
**stopover** una sosta
**store** un negozio *[naygotz-yo]*
**stor(e)y** un piano
**storm** una tempesta
**story** (*tale*) una storia
**stove** la stufa *[stoofa]*
**straight** (*road etc*) diritto; **it's straight ahead** avanti diritto; **straight away** im-

**straighten**      63      **super**

mediatamente *[eem-medee-atamentay]*; **a straight whisky** un whisky liscio *[leesho]*
**straighten: can you straighten things out?** puoi sistemare le cose? *[pwoy —aray lay kozay]*
**stranded: I'm stranded** sono nei guai *[nay gwa-ee]*
**strange** (*odd*) strano; (*unknown*) sconosciuto *[skonoshooto]*
**stranger** uno straniero *[stran-yairo]*; **I'm a stranger here** non sono di qui *[kwee]*
**strap** (*on watch*) il cinturino *[cheentooreeno]*; (*suitcase*) la cinghia *[cheeng-ya]*; (*dress*) la spallina
**strawberry** una fragola
**streak: could you put streaks in?** (*in hair*) può farmi le mèches? *[pwo ... lay mesh]*
**stream** un ruscello *[rooshel-lo]*
**street** la strada; **on the street** sulla strada *[sool-la]*
**street café** un caffè all'aperto *[kaf-fay apairto]*
**streetcar** il tram
**streetmap** la piantina della città *[p-yanteena del-la cheeta]*
**strep throat: I have a strep throat** ho il mal di gola *[o]*
**strike: they're on strike** sono in sciopero *[shopairo]*
**string** lo spago
**striped** (*shirt etc*) a strisce *[streeshay]*
**striptease** lo spogliarello *[spol-yarel-lo]*
**stroke: he's had a stroke** ha avuto un collasso *[a avooto]*
**stroll: let's go for a stroll** andiamo a fare una passeggiata *[and-yamo a faray oona pas-sej-jata]*
**stroller** (*for babies*) un passeggino *[pas-sej-jeeno]*
**strong** forte *[fortay]*
**stroppy** (*waiter, official*) sgarbato *[zgarbato]*.
**stuck: the key's stuck** la chiave è bloccata *[k-yavay ay]*
**student** uno studente (una studentessa) *[stoodentay]*
**stupid** stupido *[stoopeedo]*
**sty** (*in eye*) un orzaiolo *[ortza-yolo]*
**subtitles** i sottotitoli
**suburb** un sobborgo
**subway** la metropolitana
**successful: was it successful?** è andata bene? *[ay ... benay]*
**suddenly** improvvisamente *[—mentay]*
**sue: I intend to sue** ho intenzione di fare causa *[o eententz-yonay dee faray kowza]*
**suede** la pelle scamosciata *[pel-lay skamoshata]*
**sugar** lo zucchero *[tzookairo]*
**suggest: what do you suggest?** cosa suggerisce? *[koza sooj-jaireeshay]*
**suit** un completo; **it doesn't suit me** (*colour etc*) non mi sta bene *[benay]*; **it suits you** ti sta bene; **that suits me fine** (*suggestion etc*) per me va bene *[pair may]*
**suitable** (*time, place*) comodo
**suitcase** una valigia *[valeeja]*
**sulk: he's sulking** ha il muso *[a eel moozo]*
**sultry** (*weather*) afoso
**summer** l'estate *[estatay]*; **in the summer** d'estate
**sun** il sole *[solay]*; **in the sun** sotto il sole; **out of the sun** all'ombra; **I've had too much sun** ho preso troppo sole *[o prayzo]*
**sunbathe** prendere il sole *[prendairay eel solay]*
**sun block** una crema a protezione totale *[protetz-yonay totalay]*
**sunburn** una scottatura *[skot-tatoora]*
**sunburnt: I'm sunburnt** mi sono scottato
**Sunday** domenica *[domayneeka]*
**sunglasses** gli occhiali da sole *[ok-yalee da solay]*
**sun lounger** (*recliner*) una brandina
**sunny: if it's sunny** se c'è il sole *[say chay eel solay]*
**sunrise** l'alba
**sun roof** (*in car*) il tetto apribile *[apreebeelay]*
**sunset** il tramonto
**sunshade** un parasole *[—solay]*
**sunshine** la luce del sole *[loochay del solay]*
**sunstroke** un colpo di sole *[solay]*
**suntan** l'abbronzatura *[ab-brontzatoora]*
**suntan lotion** una lozione solare *[lotz-yonay solaray]*
**suntanned** abbronzato *[ab-brontzato]*
**suntan oil** l'olio solare *[ol-yo solaray]*
**sun worshipper** un fanatico del sole *[solay]*
**super** fantastico

**superb** superbo *[soopairbo]*
**supermarket** supermercato *[soopairmairkato]*
**supper** la cena *[chayna]*
**supplement** (*extra charge*) un supplemento *[sooplaymento]*
**suppose: I suppose so** suppongo di sì *[soopongo]*
**suppository** una supposta *[soop-posta]*
**sure: I'm sure** sono sicuro *[seekooro]*; **are you sure?** sei sicuro? *[say]*; **he's sure** è sicuro *[ay]*; **sure!** certo! *[chairto]*
**surf** il surf
**surfboard** una tavola per surfing *[pair]*
**surfing: to go surfing** fare il surfing *[faray]*
**surname** il cognome *[kon-yomay]*
**surprise** una sorpresa *[sorprayza]*
**surprising: that's not surprising** non è poi così strano *[non ay poy kozee]*
**suspension** (*on car*) la sospensione *[sospens-yonay]*
**swallow** ingoiare *[eengo-yaray]*
**swearword** una parolaccia *[parolacha]*
**sweat** sudare *[soodaray]*; **covered in sweat** madido di sudore *[soodoray]*
**sweater** un maglione *[mal-yonay]*
**Sweden** la Svezia *[zvetzee-a]*
**sweet** (*taste*) dolce *[dolchay]*; (*dessert*) un dolce
**sweets** le caramelle *[—mel-lay]*
**swelling** un gonfiore *[gonf-yoray]*

**sweltering** soffocante *[—antay]*
**swerve: I had to swerve** ho dovuto sterzare bruscamente *[o dovooto stairtzaray brooskamentay]*
**swim: I'm going for a swim** vado a fare una nuotata *[faray oona nwotata]*; **do you want to go for a swim?** hai voglia di fare una nuotata? *[a-ee vol-ya dee faray]*; **I can't swim** non so nuotare *[nwotaray]*
**swimming** il nuoto *[nwoto]*; **I like swimming** mi piace nuotare *[mee pee-achay nwotaray]*
**swimming costume** il costume da bagno *[kos-toomay da ban-yo]*
**swimming pool** una piscina *[peescheena]*
**swimming trunks** i pantaloncini da bagno *[—cheenee da ban-yo]*
**Swiss** svizzero *[zveetzairo]*
**switch** l'interruttore *[eentair-root-toray]*; **could you switch it on?** puoi accenderlo? *[pwoy achendairlo]*; **could you switch it off?** puoi spegnerlo? *[spenyairlo]*
**Switzerland** la Svizzera *[sveetzaira]*
**swollen** gonfio *[gonfee-o]*
**swollen glands** le ghiandole gonfie *[g-yandolay gonfee-ay]*
**sympathy** la comprensione *[komprens-yonay]*
**synagogue** una sinagoga
**synthetic** sintetico *[seentayteeko]*


# T

**table** un tavolo; **a table for two** un tavolo per due *[pair]*; **our usual table** il solito tavolo *[soleeto]*
**tablecloth** una tovaglia *[toval-ya]*
**table tennis** il tennis da tavolo
**table wine** un vino da tavola
**tactful** pieno di tatto *[p-yayno]*
**tailback** una coda
**tailor** un sarto
**take** prendere *[prendairay]*; **will you take this to room 12?** può portarlo alla camera 12? *[pwo]*; **will you take me to the airport?** può portarmi all'aeroporto?; **do you take credit cards?** accettate carte di credito? *[achet-tatay kartay]*; **OK, I'll take it** va bene, lo prendo *[benay]*; **how long does it take?** quanto ci vuole? *[kwanto chee vwolay]*; **it took 2 hours** ci sono volute due ore *[chee sono volootay doo-ay oray]*; **is this seat taken?** è occupato questo posto? *[ay ok-koopato kwesto]*; **I can't take too much sun** non

**talcum powder**    65    **thanks**

posso prendere troppo sole *[prendairay ... solay]*; **to take away** *(food)* da portar via *[vee-a]*; **will you take this back, it's broken** potete riprenderlo? è rotto *[potaytay reeprendairlo ay]*; **could you take it in at the side?** *(dress)* può stringerlo ai lati? *[pwo streenjairlo a-ee]*; **when does the plane take off?** quando decolla l'aereo? *[kwando daykol-la la-airay-o]*; **can you take a little off the top?** può accorciare in cima? *[pwo ak-korcharay een cheema]*
**talcum powder** il talco
**talk** parlare *[parlaray]*
**tall** alto
**tampax** *(tm)* un tampax
**tampons** i tamponi
**tan** l'abbronzatura *[ab-brontzatoora]*; **I want to get a good tan** voglio abbronzarmi molto *[vol-yo ab-brontzarmee]*
**tank** *(of car)* il serbatoio *[sairbato-yo]*
**tap** il rubinetto *[roobeenet-to]*
**tape** *(for cassette)* il nastro; *(sticky)* il nastro adesivo *[adayzeevo]*
**tape measure** un metro a nastro
**tape recorder** un mangianastri *[manjanastree]*
**taste** il gusto *[goosto]*; **can I taste it?** posso assaggiarlo? *[as-saj-jarlo]*; **it has a peculiar taste** ha un sapore particolare *[a oon saporay parteekolaray]*; **it tastes very nice** ha un sapore molto buono *[bwono]*; **it tastes revolting** ha un sapore orrendo
**taxi** un taxi; **will you get me a taxi?** mi può chiamare un taxi? *[pwo k-yamaray]*
**taxi-driver** un tassista
**taxi rank, taxi stand** il posteggio di taxi *[postej-jo]*
**tea** *(drink)* tè *[tay]*; **tea for two please** tè per due, per cortesia *[pair doo-ay pair kortayzee-a]*; **could I have a cup of tea?** vorrei una tazza di tè *[vor-ray oona tatza]*
**teabag** una bustina di tè *[boosteena dee tay]*
**teach: could you teach me?** mi puoi insegnare? *[mee pwoy eensen-yaray]*; **could you teach me Italian?** mi puoi insegnare l'italiano? *[leetal-yano]*
**teacher** un insegnante *[eensen-yantay]*
**team** una squadra *[skwadra]*
**teapot** una teiera *[tay-yaira]*
**tea towel** uno strofinaccio *[strofeenacho]*

**teenager** un adolescente *[adoleshentay]*
**teetotal(l)er** un astemio *[astem-yo]*
**telegram** un telegramma; **I want to send a telegram** vorrei mandare un telegramma *[vor-ray mandaray]*
**telephone** il telefono; **can I make a telephone call?** posso fare una telefonata? *[faray]*; **could you talk to him for me on the telephone?** puoi parlargli tu per me al telefono? *[pwoy parlarl-yee too pair may]*
**telephone box/booth** una cabina telefonica
**telephone directory** la guida telefonica *[gweeda]*
**telephone number** il numero di telefono *[noomairo]*; **what's your telephone number?** qual'è il tuo numero di telefono? *[kwalay eel too-o]*
**telephoto lens** il teleobiettivo *[tele-obyet-teevo]*
**television** la televisione *[televeez-yonay]*; **I'd like to watch television** vorrei guardare la televisione *[vor-ray gwardaray]*; **is the match on television?** c'è la partita per televisione *[chay ... pair]*
**tell: could you tell him ...?** potrebbe dirgli ...? *[potrayb-bay deerl-yee]*
**temperature** *(weather etc)* la temperatura *[tempairatoora]*; **he has a temperature** ha la febbre *[a la feb-bray]*
**temporary** temporaneo *[—ranay-o]*
**tenant** *(of apartment)* un inquilino *[eenkweeleeno]*
**tennis** il tennis
**tennis ball** una palla da tennis
**tennis court** un campo da tennis; **can we use the tennis court?** possiamo usare il campo da tennis? *[pos-yamo oozaray]*
**tennis racket** la racchetta da tennis *[rak-ket-ta]*
**tent** una tenda
**term** *(school)* un trimestre *[treemestray]*
**terminus** il capolinea *[—leen-ya]*
**terrace** la terrazza *[tair-ratza]*; **on the terrace** sulla terrazza *[sool-la]*
**terrible** terribile *[tair-reebeelay]*
**terrific** fantastico
**testicle** un testicolo
**than** di *[dee]*; **smaller than** più piccolo di *[p-yoo]*
**thanks, thank you** grazie *[gratzee-ay]*; **thank you very much** grazie tante *[tan-*

**that**     66     **time**

*tay]*; **thank you for everything** grazie di tutto *[toot-to]*; **no thanks** no grazie

**that: that woman** quella donna *[kwel-la]*; **that man** quell'uomo *[kwel womo]*; **that one** quello lì *[kwel-lo lee]*; **I hope that ...** spero che ... *[spairo kay]*; **that's perfect** perfetto *[pairfet-to]*; **that's not ...** non è ... *[non ay]*; **that's very strange** è molto strano; **that's it** (*that's right*) esattamente *[ezat-tamentay]*; **is it that expensive?** è proprio così caro? *[ay ... kozee]*

**the** (*singular*) il, lo, la *[eel]*; (*plural*) i, gli, le *[ee, l-yee, lay]*; *see page 104*

**theater, theatre** il teatro *[tay-atro]*

**their** il loro; *see page 108*

**theirs** il loro; *see page 111*

**them: I saw them** li ho visti *[lee o]*; **I gave it to them** l'ho dato a loro *[lo]*; **for them** per loro *[pair]*; *see page 109*

**then** allora

**there** là; **over there** lassù *[las-soo]*; **up there** lassù; **there is ...** c'è *[chay]*; **there are ...** ci sono ... *[chee]*; **is there ...?** c'è ...?; **are there ...?** ci sono ...?; **there you are** (*giving something*) ecco qua *[kwa]*

**thermal spring** una sorgente termale *[sorjentay tairmalay]*

**thermometer** un termometro *[tairmo-metro]*

**thermos flask** un thermos *[tairmos]*

**thermostat** (*in car*) il termostato *[tairmo—]*

**these** questi (queste) *[kwestee, kwestay]*; **can I have these?** vorrei questi *[vor-ray]*

**they** essi; **are they ready?** sono pronti?; **are they coming?** vengono?; *see page 109*

**thick** grosso; (*stupid*) ottuso *[ot-toozo]*

**thief** un ladro

**thigh** la coscia *[kosha]*

**thin** (*material*) sottile *[sot-teelay]*; (*person*) magro

**thing** una cosa *[koza]*; **have you seen my things?** hai visto la mia roba? *[a-ee ... mee-a]*; **first thing in the morning** la prima cosa al mattino

**think** pensare *[pensaray]*; **what do you think?** cosa ne pensi? *[nay]*; **I think so** penso di sì; **I don't think so** non credo *[non kraydo]*; **I'll think about it** ci penserò *[chee pensairo]*

**third party** (*insurance*) contro terzi *[tair-tzee]*

**thirsty: I'm thirsty** ho sete *[o saytay]*

**this: this hotel** questo albergo *[kwesto albairgo]*; **this street** questa strada; **this one** questo qui *[kwee]*; **this is my wife** questa è mia moglie *[ay mee-a mol-yay]*; **this is my favo(u)rite cafe** questo è il bar che preferisco *[ay eel bar kay pray-faireesko]*; **is this yours?** è tuo? *[ay too-o]*; **this is ...** (*on phone*) sono...

**those** quelli (quelle) *[kwel-lee, kwel-lay]*; **not these, those** non questi, quelli

**thread** il filo

**throat** la gola

**throat lozenges** delle pastiglie per la gola *[pasteel-yay pair]*

**throttle** (*motorbike, boat*) l'acceleratore *[achelairatoray]*

**through** attraverso *[at-travairso]*; **does it go through Rome?** attraversa Roma?; **Monday through Friday** da lunedì a venerdì; **go straight through the city centre** passi per il centro *[pair eel chentro]*

**through train** un treno diretto *[trayno]*

**throw** gettare *[jet-taray]*; **don't throw it away** non buttarlo via *[non boot-tarlo vee-a]*; **I'm going to throw up** sto per vomitare *[pair vomeetaray]*

**thumb** il pollice *[pol-leechay]*

**thumbtack** una puntina da disegno *[poonteena da deezen-yo]*

**thunder** un tuono *[twono]*

**thunderstorm** un temporale *[temporal-ay]*

**Thursday** giovedì *[jovaydee]*

**ticket** un biglietto *[beel-yet-to]*

**ticket office** la biglietteria *[beel-yet-tairee-a]*

**tide: at low tide** con la bassa marea *[maray-a]*; **at high tide** con l'alta marea

**tie** (*necktie*) una cravatta

**tight** (*clothes*) attillato; **the waist is too tight** è troppo stretto in vita *[ay]*

**tights** il collant *[kol-lan]*

**time** il tempo; **what's the time?** che ore sono? *[kay oray]*; **at what time do you close?** a che ora chiudete? *[k-yooday-tay]*; **there's not much time** non c'è molto tempo *[chay]*; **for the time being** per il momento *[pair]*; **from time to time** di tanto in tanto; **right on time** all'ora esatta; **this time** questa volta *[kwesta]*; **last time** l'ultima volta *[loolteema]*; **next time** la prossima volta; **four times**

**timetable** quattro volte *[kwat-tro voltay]*; **have a good time!** buon divertimento! *[bwon deevairteemento]*; *see page 118*
**timetable** l'orario
**tin** (*can*) una lattina
**tinfoil** la carta stagnola *[stan-yola]*
**tin-opener** un apriscatole *[apreeskatolay]*
**tint** (*hair*) tingere *[teen-jairay]*
**tiny** piccolo
**tip** la mancia *[mancha]*; **does that include the tip?** comprende la mancia? *[komprenday]*
**tire** (*of car*) il pneumatico *[p-nayoomateeko]*
**tired** stanco; **I'm tired** sono stanco
**tiring** stancante *[stankantay]*
**tissues** dei fazzolettini di carta *[fatzoletteenee]*
**to: to Venice** a Venezia *[a vaynaytz-ya]*; **to England** in Inghilterra *[een eenghiltair-ra]*; **to the airport** all'aeroporto; **here's to you!** (*toast*) alla tua salute! *[too-a salootay]*; *see page 118*
**toast** del pane tostato *[panay]*; (*drinking*) un brindisi
**tobacco** il tabacco
**tobacconist, tobacco store** il tabaccaio *[tabak-ka-yo]*
**today** oggi *[oj-jee]*; **today week** oggi a otto
**toe** un dito del piede *[p-yayday]*
**toffee** una caramella mou *[moo]*
**together** insieme *[eens-yaymay]*; **we're together** siamo insieme *[s-yamo]*; **can we pay together?** possiamo pagare insieme? *[pos-yamo pagaray]*
**toilet** la toilette *[twalet]*; **where's the toilet?** dov'è la toilette? *[dovay]*; **I want to go to the toilet** devo andare alla toilette *[dayvo andaray]*; **she's in the toilet** è nella toilette *[ay]*
**toilet paper** la carta igienca *[eejeneeka]*
**toilet water** l'acqua di colonia *[akwa dee kolon-ya]*
**toll** il pedaggio *[paydaj-jo]*; **motorway toll** il pedaggio dell'autostrada *[owtostrada]*
**tomato** il pomodoro
**tomato juice** un succo di pomodoro *[sook-ko]*
**tomato ketchup** il ketchup
**tomorrow** domani; **tomorrow morning** domani mattina; **tomorrow afternoon** domani pomeriggio *[pomaireej-jo]*; **tomorrow evening** domani sera *[saira]*; **the day after tomorrow** dopodomani; **see you tomorrow** ci vediamo domani *[chee vayd-yamo]*
**ton** una tonnellata; *see page 120*
**toner** un tonico
**tongue** la lingua *[leengwa]*
**tonic** (*water*) dell'acqua tonica *[akwa]*
**tonight** stanotte *[stanot-tay]*; **not tonight** non stanotte
**tonsillitis** la tonsillite *[tonseel-leetay]*
**tonsils** le tonsille *[tonseel-lay]*
**too** troppo; (*also*) anche *[ankay]*; **too much** troppo; **me too** anch'io *[ankee-o]*; **I'm not feeling too good** non sto troppo bene *[benay]*
**tooth** un dente *[dentay]*
**toothache** il mal di denti
**toothbrush** uno spazzolino da denti *[spatzoleeno]*
**toothpaste** il dentifricio *[denteefreecho]*
**top: on top of ...** su ... *[soo]*; **on top of the car** sul tetto della macchina *[sool ... mak-keena]*; **on the top floor** all'ultimo piano *[oolteemo]*; **at the top** in cima *[cheema]*; **at the top of the hill** in cima alla collina; **top quality** di ottima qualità *[kwaleeta]*; **bikini top** il reggiseno del bikini *[rej-jeesayno]*
**topless** in topless; **topless beach** una spiaggia dove si può stare in topless *[sp-yaj-ja dovay see pwo staray]*
**torch** una torcia elettrica *[torcha]*
**total** il totale *[totalay]*
**touch** toccare *[tok-karay]*; **let's keep in touch** restiamo in contatto *[rest-yamo]*
**tough** (*meat*) duro *[dooro]*; **tough luck!** che sfortuna! *[kay sfortoona]*
**tour** un giro *[jeero]*; **is there a tour of ...?** ci sono visite guidate per ...? *[chee ... veezeetay gweedatay pair]*
**tour-guide** la guida *[gweeda]*
**tourist** un(a) turista *[tooreesta]*
**tourist office** l'ufficio turistico *[oof-feecho tooreesteeko]*
**touristy: somewhere not so touristy** un poosto meno turistico *[mayno tooreesteeko]*
**tour operator** l'operatore turistico *[opairatoray tooreesteeko]*
**tow: can you give me a tow?** mi può

**toward(s)**      **tunnel**

rimorchiare? *[mee pwo reemork-yaray]*
**toward(s)** verso *[vairso]*; **toward(s) Milan** verso Milano
**towel** un asciugamano *[ashoogamano]*
**town** una città *[cheeta]*; (*smaller*) una cittadina *[cheetadeena]*; **in town** in città; **which bus goes into town?** quale autobus porta in città? *[kwalay owtoboos]*; **just out of town** appena fuori città *[ap-payna fworee]*
**town hall** il municipio *[mooneecheep-yo]*
**tow rope** un cavo per rimorchio *[pair reemork-yo]*
**toy** un giocattolo *[jokat-tolo]*
**track suit** una tuta da ginnastica *[toota da jeenasteeka]*
**traditional** tradizionale *[tradeetz-yonalay]*; **a traditional Italian meal** un piatto tradizionale italiano *[p-yat-to ... eetalyano]*
**traffic** il traffico
**traffic circle** la rotatoria
**traffic cop** un vigile urbano *[veejeelay oorbano]*
**traffic jam** un ingorgo
**traffic light(s)** un semaforo
**trailer** (*for carrying tent etc*) un carrello; (*caravan*) una roulotte *[roolot]*
**train** il treno *[trayno]*; **when's the next train to ...?** quand'è il prossimo treno per ...? *[kwanday ... pair]*; **by train** in treno
**trainers** (*shoes*) le scarpe da ginnastica *[skarpay da jeenasteeka]*
**train station** la stazione dei treni *[statzyonay day traynee]*
**tram** il tram
**tramp** (*person*) un vagabondo
**tranquillizers** dei tranquillanti *[trankweel-lantee]*
**transatlantic** transatlantico
**transformer** un trasformatore *[—toray]*
**transistor** (*radio*) un transistor
**transit lounge** la sala di transito
**translate** tradurre *[tradoor-ray]*; **could you translate that?** può tradurre? *[pwo]*
**translation** una traduzione *[tradootz-yonay]*
**transmission** (*of car*) la trasmissione *[trasmees-yonay]*
**travel** viaggiare *[vee-aj-jaray]*; **we're travel(l)ing around** stiamo visitando la regione *[st-yamo ... rejonay]*
**travel agent** l'agente di viaggio *[ajentay dee vee-aj-jo]*
**travel(l)er** un viaggiatore *[vee-aj-jatoray]*
**traveller's cheque, traveler's check** un travellers' cheque
**tray** un vassoio *[vas-so-yo]*
**tree** un albero *[albairo]*
**tremendous** fantastico
**trendy** alla moda
**tricky** (*difficult*) difficile *[deef-feecheelay]*
**trim: just a trim please** solo una spuntatina per favore *[spoontateena pair favoray]*
**trip** una gita *[jeeta]*; **I'd like to go on a trip to ...** vorrei fare una gita a ... *[vorray faray]*; **have a good trip** buon viaggio *[bwon vee-aj-jo]*
**tripod** un treppiede *[trep-yayday]*
**tropical** tropicale *[tropeekalay]*
**trouble** problemi *[—laymee]*; **I'm having trouble with ...** ho problemi con ... *[o]*; **sorry to trouble you** scusi il disturbo *[skoozee eel deestoorbo]*
**trousers** i pantaloni
**trouser suit** un completo pantalone *[—lonay]*
**trout** una trota
**truck** un camion
**truck driver** il camionista
**true** vero *[vairo]*; **that's not true** non è vero *[non ay]*
**trunk** (*of car*) il bagagliaio *[bagal-ya-yo]*
**trunks** (*swimming*) i calzoncini da bagno *[kaltzoncheenee da ban-yo]*
**truth** la verità *[vaireeta]*; **it's the truth** è la verità *[ay]*
**try** provare *[provaray]*; **please try** provi, la prego; **will you try for me?** può provare per me? *[pwo ... pair may]*; **I've never tried it** (*food*) non l'ho mai assaggiato *[non lo ma-ee as-saj-jato]*; (*sport*) non ho mai provato; **can I have a try?** posso provare?; **may I try it on?** posso provarlo?
**T-shirt** una maglietta *[mal-yet-ta]*
**tube** (*for car tyre*) una camera d'aria *[kamaira]*
**Tuesday** martedì *[martaydee]*
**tuition: I'd like tuition** vorrei delle lezioni *[vor-ray del-lay letz-yonee]*
**tulip** un tulipano *[tooleepano]*
**tuna fish** il tonno
**tune** la melodia *[melodee-a]*
**tunnel** un tunnel *[toon-nel]*

**Turin** Torino
**Turkey** la Turchia *[toorkee-a]*
**turn: it's my turn next** dopo tocca a me *[may]*; **turn left** giri a sinistra *[jeeree]*; **where do we turn off?** dove dobbiamo girare? *[dovay dob-yamo jeeraray]*; **can you turn the air-conditioning on?** può accendere l'aria condizionata? *[pwo achendairay]*; **can you turn the air-conditioning off?** può spegnere l'aria condizionata? *[spen-yairay]*; **he didn't turn up** non si è fatto vedere *[ay fat-to vaydairay]*
**turning** (*in road*) una biforcazione *[beeforkatz-yonay]*
**TV** la TV *[tee voo]*

**tweezers** le pinzette *[peentzet-tay]*
**twice** due volte *[doo-ay voltay]*; **twice as much** il doppio
**twin beds** i letti gemelli *[jemel-lee]*
**twins** dei gemelli *[jemel-lee]*
**twist: I've twisted my ankle** mi sono slogato la caviglia *[mee sono zlogato la kaveel-ya]*
**type** un tipo; **a different type of ...** un tipo diverso di ... *[deevairso]*
**typewriter** una macchina da scrivere *[mak-keena da skreevairay]*
**typhoid** la febbre tifoidea *[feb-bray tee-foyday-a]*
**typical** tipico
**tyre** un pneumatico *[p-nayoomateeko]*

# U

**ugly** brutto *[broot-to]*
**ulcer** un'ulcera *[oolchaira]*; (*in mouth*) un'afta
**Ulster** l'Irlanda del Nord *[eerlanda]*
**umbrella** l'ombrello
**uncle: my uncle** mio zio *[mee-o tzee-o]*
**uncomfortable** scomodo
**unconscious** privo di sensi
**under** sotto
**underdone** (*food*) poco cotto
**underground** (*railway*) la metropolitana
**underpants** le mutande *[mootanday]*
**undershirt** la sottoveste *[—vestay]*
**understand: I don't understand** non capisco; **I understand** capisco; **do you understand?** capisci? *[kapeeshee]*
**underwear** la biancheria intima *[b-yankairee-a]*
**undo** (*clothes*) slacciare *[zlacharay]*
**uneatable: it's uneatable** è immangiabile *[ay eem-manjabeelay]*
**unemployed** disoccupato *[deezok-koopato]*
**unfair: that's unfair** non è giusto *[non ay joosto]*
**unfortunately** sfortunatamente *[sfortoonatamentay]*

**unfriendly** poco simpatico
**unhappy** infelice *[eenfayleechay]*
**unhealthy** (*food, lifestyle*) poco sano; (*climate*) malsano
**United States** gli Stati Uniti *[l-yee statee ooneetee]*; **in the United States** negli Stati Uniti *[nel-yee]*
**university** l'università *[ooneevairseeta]*
**unlimited mileage** (*on hire car*) il chilometraggio illimitato *[keelometraj-jo]*
**unlock** aprire *[apreeray]*; **the door was unlocked** la porta non era chiusa a chiave *[non aira k-yooza a k-yavay]*
**unpack** disfare le valige *[deesfaray lay valeejay]*
**unpleasant** sgradevole *[zgradayvolay]*
**untie** slacciare *[zlacharay]*
**until** finché *[feenkay]*; **until we meet again** arrivederci *[ar-reevaydairchee]*; **not until Wednesday** non prima di mercoledì
**unusual** insolito
**up** su *[soo]*; **further up the road** più avanti su questa strada *[p-yoo ... kwesta]*; **up there** lassù *[las-soo]*; **he's not up yet** non si è ancora alzato *[non see ay ... altzato]*; **what's up?** che c'è? *[kay*

*chay]*
**upmarket** chic *[sheek]*
**upset stomach: I have an upset stomach** ho lo stomaco in disordine *[o ... deezordeenay]*
**upside down** alla rovescia *[rovesha]*
**upstairs** di sopra
**urgent** urgente *[oorjentay]*; **it's very urgent** è molto urgente *[ay]*
**urinary tract infection** un'infezione alle vie urinarie *[eenfetz-yonay al-lay vee-ay ooreenaree-ay]*
**us** noi *[noy]*; **with us** con noi; **for us** per noi *[pair]*; *see page 109*
**use: may I use ...?** posso usare ...? *[oozaray]*
**used: I used to swim a lot** una volta nuotavo molto *[nwotavo]*; **when I get used to the heat** quando mi abituerò al caldo *[kwando mee abeetoo-airo]*
**useful** utile *[ooteelay]*
**usual** solito; **as usual** come al solito *[komay]*
**usually** di solito
**U-turn** una conversione a U *[konvairsyonay a oo]*

# V

**vacancy: do you have any vacancies?** *(hotel)* avete stanze libere? *[avaytay stantzay leebairay]*
**vacation** una vacanza *[vakantza]*; **we're here on vacation** siamo qui in vacanza *[s-yamo kwee]*
**vaccination** il vaccino *[vacheeno]*
**vacuum cleaner** un aspirapolvere *[—polvairay]*
**vacuum flask** un thermos *[tairmos]*
**vagina** la vagina *[vajeena]*
**valid** valido; **how long is it valid for?** per quanto tempo è valido? *[pair kwanto tempo ay]*
**valley** la valle *[val-lay]*
**valuable** di valore *[valoray]*; **can I leave my valuables here?** posso lasciare qui i miei preziosi? *[lasharay kwee ee mee-ay-ee pretz-yozee]*
**value** il valore *[valoray]*
**van** un furgone *[foorgonay]*
**vanilla** la vaniglia *[vaneel-ya]*; **vanilla ice cream** un gelato alla vaniglia *[jelato]*
**varicose veins** le vene varicose *[vaynay vareekozay]*
**variety show** uno spettacolo di varietà *[spet-takolo dee varee-ayta]*
**vary: it varies** dipende *[deependay]*
**vase** un vaso
**Vatican** il Vaticano
**vaudeville** uno spettacolo di varietà *[spet-takolo dee varee-ayta]*
**VD** una malattia venerea *[malat-tee-a vaynairay-a]*
**veal** il vitello
**vegetables** la verdura *[vairdoora]*
**vegetarian** un vegetariano *[vejetaryano]*; **I'm a vegetarian** sono vegetariano
**velvet** il velluto *[vel-looto]*
**vending machine** un distributore automatico *[deestreebootoray owtomateeko]*
**ventilator** un ventilatore *[—toray]*
**verruca** una verruca *[vair-rooka]*
**very** molto; **just a very little Italian** giusto un po' di italiano *[joosto ... eetalyano]*; **just a very little for me** per me poco poco *[pair may]*; **I like it very much** mi piace moltissimo *[mee peeachay]*
**vest** una canottiera *[kanot-yaira]*; *(waistcoat)* un panciotto *[panchot-to]*
**via** via *[vee-a]*
**video** un video *[veeday-o]*
**view** una vista; **what a superb view!** che vista stupenda! *[kay ... stoopenda]*
**viewfinder** il mirino
**villa** una villa
**village** un paesino *[pa-ayzeeno]*
**vine** la vite *[veetay]*

**vinegar**            **washcloth**

**vinegar** l'aceto *[acheto]*
**vine-growing area** una zona viticola *[tzona]*
**vineyard** una vigna *[veen-ya]*
**vintage** un'annata; **vintage wine** vino d'annata
**visa** il visto
**visibility** la visibilità
**visit** visitare *[veezeetaray]*; **I'd like to visit ...** mi piacerebbe visitare ... *[mee pee-achairayb-bay]*; **come and visit us** venga a trovarci *[trovarchee]*
**vital: it's vital that ...** è di vitale importanza che ... *[ay dee veetalay eempartantza kay]*
**vitamins** le vitamine *[veetameenay]*
**vodka** una vodka
**voice** la voce *[vochay]*
**voltage** il voltaggio *[voltaj-jo]*
**vomit** vomitare *[vomeetaray]*

# W

**waist** la vita
**waistcoat** il panciotto *[panchot-to]*
**wait** aspettare *[aspet-taray]*; **wait for me** aspettami; **don't wait for me** non aspettatemi; **it was worth waiting for** valeva la pena di aspettare; **I'll wait till my wife comes** aspetto che venga mia moglie *[kay ... mee-a mol-yay]*; **I'll wait a little longer** aspetto ancora un po'; **can you do it while I wait?** può farlo subito? *[pwo ... soobeeto]*
**waiter** il cameriere *[kamair-yairay]*; **waiter!** cameriere!
**waiting room** la sala d'attesa
**waitress** la cameriera *[kamair-yaira]*; **waitress!** cameriera!
**wake: will you wake me up at 6.30?** vorrei essere svegliato alle 6.30 *[vor-ray es-sairay zvayl-yato al-lay]*
**Wales** il Galles *[gal-less]*
**walk: let's walk there** andiamoci a piedi *[and-yamochee a p-yaydee]*; **is it possible to walk there?** ci si può andare a piedi? *[chee see pwo andaray]*; **I'll walk back** io ritorno a piedi *[ee-o]*; **is it a long walk?** ci si mette molto a piedi? *[chee see met-tay]*; **it's only a short walk** è a due passi da qui *[ay a doo-ay ... kwee]*; **I'm going out for a walk** vado a fare una passeggiata *[faray oona pas-sej-jata]*; **let's take a walk around town** facciamo una passeggiata in città *[fachamo ... cheeta]*
**walking: I want to do some walking** vorrei fare delle camminate *[vor-ray faray del-lay kam-meenatay]*
**walking boots** le pedule *[paydoolay]*
**walking stick** un bastone da passeggio *[bastonay da pas-sej-jo]*
**walkman** (tm) un walkman
**wall** il muro *[mooro]*
**wallet** il portafoglio *[—fol-yo]*
**wander: I like just wandering around** mi piace andarmene in giro *[mee pee-achay andarmaynay een jeero]*
**want: I want a ...** voglio un ... *[vol-yo]*; **I don't want any ...** non voglio nessun ... *[nays-soon]*; **I want to go home** voglio andare a casa *[andaray]*; **but I want to** ma io lo voglio *[ee-o]*; **I don't want to** non voglio; **he wants to ...** vuole ... *[vwolay]*; **what do you want?** cosa vuole?
**war** la guerra *[gwair-ra]*
**ward** (in hospital) la corsia *[korsee-a]*
**warm** caldo; **it's so warm today** fa talmente caldo oggi *[talmentay ... oj-jee]*; **I'm too warm** ho troppo caldo *[o]*
**warning** un avviso
**was: it was ...** era *[aira]*; *see page 114*
**wash** lavare *[lavaray]*; **I need a wash** vorrei lavarmi *[vor-ray]*; **can you wash the car?** può lavare la macchina? *[pwo ... mak-keena]*; **can you wash these?** può lavare questi?; **it'll wash off** (stain etc) andrà via lavando *[vee-a]*
**washcloth** un guanto di spugna *[gwanto*

*dee spoon-ya]*
**washer** (*for bolt etc*) una rondella
**washhand basin** il lavabo
**washing** (*clothes*) il bucato *[bookato]*; **where can I hang my washing?** dove posso stendere il bucato? *[dovay ... stendairay]*; **can you do my washing for me?** può lavare la mia roba? *[pwo ... mec-a]*
**washing machine** la lavatrice *[lavatreechay]*
**washing powder** il detersivo per bucato *[daytairseevo pair]*
**washing-up: I'll do the washing-up** lavo io i piatti *[ee-o ee p-yat-ti]*
**washing-up liquid** il detersivo liquido per i piatti *[daytairseevo leekweedo pair ee p-yat-tee]*
**wasp** una vespa
**wasteful: that's wasteful** che spreco *[kay]*
**wastepaper basket** il cestino per la carta straccia *[cheesteeno pair ... stracha]*
**watch** (*wrist-*) un orologio da polso *[orolojo]*; **will you watch my things for me?** può dare un'occhiata alla mia roba? *[pwo daray oon ok-yata alla mee-a]*; **I'll just watch** preferirei guardare *[prayfaireeray gwardaray]*; **watch out!** attenzione! *[attentz-yonay]*
**watch strap** il cinturino dell'orologio *[cheentooreeno del orolojo]*
**water** l'acqua *[akwa]*; **may I have some water?** vorrei un po' d'acqua *[vor-ray]*
**watercolo(u)r** (*painting*) un acquarello *[akwarel-lo]*
**waterproof** impermeabile *[eempairmay-abeelay]*
**waterski: I'd like to learn to waterski** mi piacerebbe imparare a fare lo sci acquatico *[mee pee-achairayb-bay eempararay a faray lo shee akwateeko]*
**waterskiing** lo sci acquatico *[shee akwateeko]*
**water sports** gli sport acquatici *[akwateechee]*
**water wings** i braccioli *[bracholee]*
**wave** (*sea*) un'onda
**way: which way is it?** dove bisogna andare? *[dovay beezon-ya andaray]*; **it's this way** da questa parte *[kwesta partay]*; **it's that way** de quella parte *[kwel-la]*; **could you tell me the way to ...?** mi può indicare come si arriva a ...? *[mee pwo eendeekaray komay]*; **is it on the way to Rome?** è lungo la strada per Roma? *[ay loongo ... pair]*; **you're blocking the way** sta bloccando il traffico; **is it a long way to ...?** è molto lontano a ...?; **would you show me the way to do it?** mi potrebbe mostrare come si fa? *[mee potrayb-bay mostraray komay]*; **do it this way** fai così *[fa-ee kozee]*; **we want to eat the Italian way** vorremmo mangiare all'italiana *[vor-raym-mo manjaray al eetal-yana]*; **no way!** assolutamente no! *[as-solootamentay]*

**we** noi *[noy]*; **we're English/American** siamo inglesi/americani *[s-yamo]*; **we're leaving tomorrow** partiamo domani *[part-yamo]*; *see page 109*
**weak** (*person*) debole *[daybolay]*
**wealthy** ricco *[reek-ko]*
**weather** il tempo; **what foul weather!** che tempo orribile! *[kay ... or-reebeelay]*; **what beautiful weather!** che tempo splendido!
**weather forecast** le previsioni del tempo *[prayveez-yonee]*
**wedding** un matrimonio
**wedding anniversary** l'anniversario di matrimonio *[an-neevairsario]*
**wedding ring** la vera *[vaira]*
**Wednesday** mercoledì *[mairkolaydee]*
**week** una settimana; **a week (from) today** oggi a otto *[oj-jee]*; **a week (from) tomorrow** domani a otto; **Monday week** lunedì a otto
**weekend: at/on the weekend** il fine settimana *[feenay]*
**weight** il peso *[payzo]*; **I want to lose weight** vorrei dimagrire *[vor-ray deemagreeray]*
**weight limit** il limite di peso *[leemeetay dee payzo]*
**weird** strano
**welcome: welcome to ...** benvenuto a ... *[benvaynooto]*; **you're welcome** prego *[praygo]*
**well: I don't feel well** non mi sento bene *[benay]*; **I haven't been very well** sono stato poco bene; **she's not well** non sta bene; **how are you? — very well, thanks** come va? — benissimo, grazie *[gratzee-ay]*; **you speak English very well** parla l'inglese molto bene *[leenglay-*

**well-done** zay]; **me as well** anch'io [ankee-o]; **well done!** bravo!; **well, ...** beh, ...; **well well!** guarda, guarda! [gwarda]
**well-done** (steak) ben cotto
**wellingtons** gli stivali per la pioggia [l-yee ... pair la p-yoj-ja]
**Welsh** gallese [gal-layzay]
**were** see page 114
**west** ovest; **to the west** verso ovest [vairso]
**West Indian** delle Indie occidentali [eendee-ay ocheedentalay]
**West Indies** le Indie occidentali [eendee-ay ocheendentalay]
**wet** umido [oomeedo]; **it's all wet** è tutto bagnato [ay toot-to ban-yato]; **it's been wet all week** ha piovuto tutta la settimana [a p-yovooto toot-ta]
**wet suit** una tuta subacquea [toota soobakway-a]
**what?** cosa?; **what's that?** cos'è? [kozay]; **I don't know what to do** non so cosa fare [faray]; **what a view!** che vista! [kay]
**wheel** la ruota [rwota]
**wheelchair** una sedia a rotelle [rotel-lay]
**when?** quando? [kwando]; **when we get back** quando torniamo
**where?** dove? [dovay]; **where is ...?** dov'è ...? [dovay]; **I don't know where he is** non so dove sia [see-a]; **that's where I left it** l'ho lasciato lì [lo lashato lee]
**which: which bus?** quale autobus? [kwalay owtoboos]; **which one?** quale?; **which is yours?** qual'è il tuo? [kwalay eel too-o]; **I forget which it was** non ricordo quale sia [see-a]; **the one which ...** quello che ... [kwel-lo kay]
**while: while I'm here** mentre sono qui [mentray ... kwee]
**whipped cream** la panna montata
**whisky** un whisky
**whisper** sussurrare [soos-soor-raray]
**white** bianco [b-yanko]
**white wine** il vino bianco [b-yanko]
**Whitsun** la Pentecoste [—kostay]
**who?** chi? [kee]; **who was that?** chi era quello? [kee aira kwel-lo]; **the man who ...** l'uomo che ... [lwomo kay]
**whole: the whole week** tutta la settimana [toot-ta]; **two whole days** due giorni interi [doo-ay jornee eentairee]; **the whole lot** il tutto [toot-to]
**whooping cough** la pertosse [pairtossay]
**whose: whose is this?** di chi è questo? [dee kee ay kwesto]
**why?** perché? [pairkay]; **why not?** perché no?; **that's why it's not working** ecco perché non funziona [foontz-yona]
**wide** largo
**wide-angle lens** una lente grandangolare [lentay —angolaray]
**widow** una vedova [vaydova]
**widower** un vedovo [vaydovo]
**wife: my wife** mia moglie [mee-a mol-yay]
**wig** una parrucca [par-rooka]
**will: will you help me?** può aiutarmi? [pwo]; see page 116
**win** vincere [veenchairay]; **who won?** chi ha vinto? [kee a]
**wind** il vento
**window** la finestra; (of shop) la vetrina [vaytreena]; **near the window** vicino alla finestra [veecheeno]; **in the window** (of shop) in vetrina
**window seat** un posto vicino al finestrino [veecheeno]
**windscreen, windshield** il parabrezza [parabretza]
**windscreen wipers, windshield wipers** i tergicristalli [tairjeekreestal-lee]
**windsurf: I'd like to windsurf** mi piace fare windsurf [mee pee-achay faray]
**windsurfing** il windsurf
**windy: it's so windy** c'è tanto di quel vento [chay ... kwel]
**wine** il vino; **can we have some more wine?** ancora vino, per piacere [pair pee-achairay]
**wine glass** un bicchiere da vino [beekyairay]
**wine list** la lista dei vini [day]
**wine-tasting** la degustazione dei vini [daygoostatz-yonay day]
**wing** l'ala; (of car) la fiancata [f-yankata]
**wing mirror** lo specchietto retrovisore esterno [spek-yet-to —veezoray estairno]
**winter** l'inverno [eenvairno]; **in the winter** d'inverno
**winter holiday** le vacanze invernali [vakantzay eenvairnalee]
**winter sports** gli sport invernali [eenvairnalee]

**wire** il filo di ferro *[fair-ro]*; (*elec*) il filo (elettrico)
**wireless** una radio
**wiring** (*in house*) l'impianto elettrico *[eemp-yanto]*
**wish: wishing you were here** mi manchi *[mee mankee]*; **best wishes** tanti auguri *[owgooree]*
**with** con; **I'm staying with ...** abito da ...
**without** senza *[sentza]*
**witness** un testimone *[testeemonay]*; **will you be a witness for me?** può farmi da testimone? *[pwo]*
**witty** (*person*) spiritoso
**wobble: it wobbles** (*wheel etc*) ha troppo gioco *[a ... joko]*
**woman** una donna; **women** le donne *[don-nay]*
**wonderful** meraviglioso *[mairaveel-yozo]*
**won't: it won't start** non va in moto; *see page 116*
**wood** (*material*) il legno *[len-yo]*
**woods** (*forest*) la foresta
**wool** la lana
**word** una parola; **what does that word mean?** cosa significa questa parola? *[seen-yeefeeka kwesta]*; **you have my word** ha la mia parola *[a la mee-a]*
**work** lavorare *[lavoraray]*; (*noun*) il lavoro; **how does it work?** come funziona? *[komay foontz-yona]*; **it's not working** non funziona; **I work in an office** lavoro in un ufficio *[oof-feecho]*; **do you have any work for me?** avete del lavoro per me? *[avaytay ... pair may]*; **when do you finish work?** quando finisci di lavorare? *[kwando feeneeshee dee]*
**world** il mondo
**worn-out** (*person*) estenuato *[estenoo-ato]*; (*clothes, shoes*) consumato *[konsoo-mato]*
**worry: I'm worried about her** sono preoccupato per lei *[prayok-koopato pair lay]*; **don't worry** non si preoccupi *[prayok-koopee]*
**worse: it's worse** è peggio *[ay pej-jo]*; **it's getting worse** sta peggiorando *[pej-jorando]*
**worst** il peggio *[pej-jo]*
**worth: it's not worth 500** non vale 500 *[valay]*; **it's worth more than that** vale di più *[dee p-yoo]*; **is it worth a visit?** vale la pena di visitarlo?
**would: would you give this to ...?** potrebbe dare questo a ...? *[potrayb-bay daray kwesto]*; **what would you do?** tu, cosa faresti? *[too]*
**wrap: could you wrap it up?** può incartarlo? *[pwo]*
**wrapping** l'imballaggio *[embal-laj-jo]*
**wrapping paper** la carta da pacchi *[pak-kee]*
**wrench** (*tool*) una chiave *[k-yavay]*
**wrist** il polso
**write** scrivere *[skreevairay]*; **could you write it down?** potrebbe scrivermelo? *[potrayb-bay skreevairmaylo]*; **how do you write it?** come si scrive? *[komay see skreevay]*; **I'll write to you** ti scrivo; **I wrote to you last month** le ho scritto il mese scorso *[lay o ... mayzay]*
**write-off: it's a write off** (*car*) è distrutto *[ay deestroot-to]*
**writer** uno scrittore (una scrittrice) *[—toray, —treechay]*
**writing paper** la carta da lettere *[let-tairay]*
**wrong: you're wrong** si sbaglia *[see zbal-ya]*; **the bill's wrong** il conto è sbagliato *[ay zbal-yato]*; **sorry, wrong number** mi scusi, ho sbagliato numero *[mee skoozee o zbal-yato noomairo]*; **you've got the wrong number** ha sbagliato numero; **I'm on the wrong train** ho sbagliato treno *[o]*; **I went to the wrong room** ho sbagliato stanza *[stantza]*; **that's the wrong key** è la chiave sbagliata *[ay la k-yavay]*; **there's something wrong with ...** c'è qualcosa che non va con ... *[chay kwalkoza kay]*; **what's wrong?** cosa c'è che non va? *[koza chay kay]*; **what's wrong with it?** cos'ha che non va? *[koz a kay]*

# XYZ

**X-ray** i raggi X *[raj-jee eeks]*

**yacht** uno yacht
**yacht club** il circolo nautico *[cheerkolo nowteeko]*
**yard: in the yard** in cortile *[korteelay]*; (*garden*) nel giardino *[jardeeno]*; *see page 119*
**year** un anno
**yellow** giallo *[jal-lo]*
**yellow pages** le pagine gialle *[paj-jeenay jal-lay]*
**yes** sì
**yesterday** ieri *[yairee]*; **yesterday morning** ieri mattina; **yesterday afternoon** ieri pomeriggio *[pomaireej-jo]*; **the day before yesterday** l'altro ieri
**yet: has it arrived yet?** è già arrivato? *[ay ja]*; **not yet** non ancora
**yobbo** un teppista
**yog(h)urt** uno yogurt *[yogoort]*

**you** (*familiar*) tu *[too]*; (*polite*) lei *[lay]*; (*plural familiar*) voi *[voy]*; (*plural polite*) loro; **have you finished, Carla?** hai finito, Carla? *[a-ee]*; **for you, Roberta** per te, Roberta; *see pages 109, 110*
**young** giovane *[jovanay]*
**young people** i giovani *[jovanee]*
**your** (*familiar*) il tuo *[too-o]*; (*polite*) il suo; (*plural*) il vostro; **is this your camera?** è sua questa macchina fotografica? *[ay soo-a kwesta mak-keena]*; *see page 108*
**yours** (*familiar*) il tuo *[too-o]*; (*polite*) il suo *[soo-o]*; (*plural*) il vostro; *see page 111*
**youth hostel** l'ostello della gioventù *[joventoo]*
**youth hostel(l)ing: we're youth hostel(l)ing** facciamo il giro degli ostelli *[fachamo eel jeero del-yee]*
**Yugoslavia** la Yugoslavia

**zero** zero *[tzairo]*; **it's below zero** è sotto zero *[ay]*
**zip, zipper** la cerniera lampo *[chairn-yaira]*; **could you put a new zip on?** potrebbe cambiare la cerniera lampo? *[potrayb-bay kamb-yaray]*
**zoo** lo zoo *[tzo]*
**zoom lens** lo zoom *[tzoom]*

# Italian – English

# A

**abbacchio alla romana** *[ab-bak-yo]* spring lamb
**abbigliamento da bambino** children's wear
**abbigliamento da donna** ladies' wear
**abbigliamento da uomo** menswear
**abbonamento ordinario** ordinary season ticket
**abbonamento per studenti e impiegati dello Stato** reduced travel ticket for students and government employees
**accendere i fari** switch on headlights
**accessori moda** fashion accessories
**accesso riservato ai viaggiatori muniti di biglietto** passengers must be in possession of a ticket prior to boarding
**accettazione** check-in
**acciughe sott'olio** *[achoogay sotol-yo]* anchovies in oil
**accomodati** *[—datee]* take a seat
**aceto** *[acheto]* vinegar
**A.C.I. (Automobil Club d'Italia)** Italian motoring organization
**acqua** *[akwa]* water
**acqua minerale gassata** *[akwa meenairalay]* sparkling mineral water
**acqua minerale non gassata** *[akwa meenairalay]* still mineral water
**acqua naturale** *[akwa natooralay]* still mineral water or tap water
**acqua potabile** drinking water
**ad uso esterno** for external use only
**ad uso interno** for internal use
**ad uso veterinario** for veterinary use
**aeromobile** aeroplane, airplane
**aeroporto** airport
**affettato misto** *[af-fet-tato]* variety of cold, sliced meats such as salami, cooked ham etc
**affittasi** to let, for rent
**affogato al caffè** *[—ato al kaf-fay]* ice cream with hot espresso coffee poured over
**affrancatura** postage
**agenzia di viaggio** travel agent
**agenzia immobiliare** estate agent, realtor
**agenzia turistica** travel agent
**agitare prima dell'uso** shake before using
**aglio** *[al-yo]* garlic
**agnello** *[an-yel-lo]* lamb
**agnello al forno** *[an-yel-lo]* roast lamb
**agnolotti al burro e salvia** *[an-yolot-tee al boor-ro ay salv-ya]* meat-filled pasta shapes cooked in butter and sage
**agoni alla graticola** *[agonee ... grateekola]* long, narrow fish from Lake Como, grilled
**ai binari** to the platforms/tracks
**albergo con piscina** hotel with swimming pool
**albergo di 1a categoria** first class hotel
**albergo di 2a categoria** second class hotel
**albergo di 3a categoria** third class hotel
**albergo di categoria lusso** luxury hotel
**albicocche** *[—kok-kay]* apricots
**alcolici** *[alkoleechee]* alcoholic drinks
**allacciare le cinture** fasten your seat belts
**allarme** alarm
**al mare** to the sea
**al ... piano** on/to ... floor
**al portatore** to the bearer
**alt** stop, halt
**amaro** dark, bitter, digestive liqueur
**ambasciata** embassy
**ambulatorio** out-patients' department, first aid post
**analcolici** non-alcoholic drinks
**analgesico** analgesic, pain-killer
**ananas** pineapple
**A.N.A.S. (Azienda Nazionale Autonoma delle Strade)** national road maintenance authority

**anatra** duck
**anatra all'arancia** [arancha] duck à l'orange
**anello di riso e piselli** rice and peas cooked in ring-shaped mould/mold
**anguilla al forno** [angweel-la] baked eel
**anguilla in umido** [angweel-la een oomeedo] stewed eel
**anguria** [angooria] water melon
**annullato** cancelled
**a nolo** for hire/rent
**a norma di legge** in accordance with the law
**antibiotico** antibiotic
**antichità** antiques
**antidolorifico** painkiller
**antipasti** starters
**antipasti caldi** hot hors d'oeuvres
**antipasti freddi** cold hors d'oeuvres
**antipasti misti** variety of starters
**antiquariato** antiques shop/store
**antistaminico** antihistamine
**aperitivo** aperitif
**aperto** open
**apre** open
**aragosta** lobster
**arancia** [arancha] orange
**aranciata** [aranchata] orangeade
**area di servizio** service area
**aringa** herring
**arista di maiale al forno** [ma-yalay] roast chine of pork

**arredamento** interior design/furnishing
**arrivi** arrivals
**arrosto di maiale** [ma-yalay] roast pork
**arrosto di tacchino** [tak-keeno] roast turkey
**arrosto di vitello** roast veal
**articoli per la casa** household goods
**articoli per la cucina** kitchen articles
**articoli regalo** gifts
**articoli sportivi** sports shop/store
**ascensori** lifts, elevators
**asparagi** [asparajee] asparagus
**assegni di viaggio** travellers' cheques, travelers' checks
**assegno circolare** bank draft
**assistenza** auto repairs
**asti spumante** [spoomantay] sparkling, dry white wine from Asti in Piedmont
**attenda** wait
**attenti al cane** beware of the dog
**attenzione: per l'uso leggere attentamente l'istruzione interna** warning: before use read instructions carefully
**autogrill** motorway/highway restaurant
**autolavaggio** automatic car wash
**autostrada** motorway, highway
**avanti** come in, cross now, walk
**avere** credit
**avocado all'agro** avocado pears with oil and lemon or vinegar
**avventura** (*film*) adventure
**azioni** shares, stocks

# B

**baba al rum** [room] rum baba
**baccalà** dried cod
**baccalà alla vicentina** [veechenteena] dried salted cod
**bagagliaio** left luggage, baggage check
**bagnacauda** [ban-yakowda] vegetables (especially raw) in an oil, garlic and anchovy sauce
**bagno** bathroom
**balconata** balcony, dress-circle
**balletto** ballet

**bambini** children
**banca** bank
**bancomat** (*tm*) cash-dispenser
**barbabietole** [barbab-yaytolay] beetroot, red beet
**Barbaresco** dry, red wine typical of the Piedmont region
**Barbera** [barbaira] dark, dry red wine from Piedmont with slightly bitter edge
**barbiere** barber
**Bardolino** dry, red wine with subtle aro-

**Bardolino secco** matic flavo(u)r from area around Verona

**Bardolino secco** dry, red wine from Veneto region

**Barolo** dark, dry red wine from Piedmont with slightly bitter edge

**basilico** basil

**bavarese** *[bavarayzay]* ice-cream cake with milk, eggs and fresh cream

**Bel Paese** *[pa-ayzay]* soft, full fat white cheese

**bene, grazie** *[benay gratzee-ay]* fine, thanks

**benzina** petrol, gas

**besciamella** *[beshamel-la]* béchamel sauce, white sauce made from cream, butter and flour

**biancheria bambino** children's underwear

**biancheria donna** ladies' lingerie

**biancheria per la casa** household linen

**biancheria uomo** men's underwear

**Bianco dei Castelli secco** *[b-yanko day]* dry, white wine from Lazio

**biblioteca** library

**bicchierino di gelato** *[beek-yaireeno dee jelato]* little glass of ice cream

**bigiotteria** costume jewel(le)ry

**biglietteria** ticket office, box-office

**biglietto** ticket

**biglietto chilometrico** ticket allowing travel up to a maximum specified distance

**biglietto di andata e ritorno** return ticket, round trip ticket

**biglietto per viaggi in comitiva** group/party ticket

**bignè** *[been-yay]* cream puff

**bilanciatura gomme** wheel-balancing

**binario n. ...** platform/track ...

**birra** beer

**birra chiara** *[k-yara]* light beer e.g. lager

**birra grande** *[granday]* (*1/2 litro*) large beer

**birra piccola** (*1/4 litro*) small beer (*approx. 1/2 pint*)

**birra scura** *[skoora]* dark beer e.g. ales, bitter etc

**birreria** bar specializing in beer

**biscotto arrotolato** type of rolled biscuit

**bistecca (di manzo)** *[mantzo]* beef steak

**bistecca ai ferri** *[a-ee fair-ree]* grilled steak

**bollito misto** variety of boiled meat with vegetables

**bonifico bancario** bank draft

**braciola di maiale** *[brachola dee mayalay]* pork chop

**branzino al forno** *[brantzeeno]* baked sea bass

**brasato** braised beef with herbs

**brasato al Barolo** braised beef cooked in Barolo full-bodied Piedmontese red wine

**bresaola** *[breza-oola]* dried, salted beef sliced thinly and eaten cold

**brioche** *[bree-osh]* type of croissant

**broccoletti all'aglio** *[al-yo]* broccoli cooked in garlic

**brodo** clear broth

**brodo di pollo** chicken broth

**brodo vegetale** *[vej-jaytalay]* clear, vegetable broth

**bruschetta al pomodoro** *[broosket-ta]* toasted bread with oil and garlic with tomato sauce

**bruschetta alla romana** *[broosket-ta]* toasted bread with oil and garlic

**buca delle lettere** letterbox, mailbox

**bucatini al pomodoro** *[bookateenee]* pasta like spaghetti only thicker and with a hole in the middle, with tomato

**budino** *[boodeeno]* pudding

**burro** *[boor-ro]* butter

**burro di acciughe** *[boor-ro dee achoogay]* anchovy butter

# C

**C (caldo)** hot
**Cabernet** *[kabairnay]* dry, red wine from Veneto
**cabina telefonica** telephone box/booth
**caciotta** *[kachot-ta]* tender, white, fat cheese from Central Italy
**caciotta toscana** *[kachot-ta]* semi-hard, slightly matured cheese from Tuscany
**caciucco alla livornese** *[kachooko ... livornayzay]* soup of seafood, tomato and wine served with home-made bread
**caduta massi** falling rocks
**cafeteria** coffee bar, coffee house
**caffè** *[kaf-fay]* coffee; café
**caffè corretto** *[kaf-fay]* espresso coffee with a dash of liqueur
**caffellatte** *[kaf-faylat-tay]* half coffee half hot milk
**caffè lungo** *[kaf-fay loongo]* weak espresso coffee
**caffè macchiato** *[kaf-fay mak-yato]* espresso coffee with a dash of milk
**caffè ristretto** *[kaf-fay reestret-to]* strong espresso coffee
**C.A.I. (Club Alpino Italiano)** Italian Alpine Club
**calamari in umido** *[oomeedo]* stewed squid
**calamaro** squid
**caldo** hot
**calzature** footwear
**calze** socks; stockings
**calzolaio** shoemaker, shoe repairs
**calzoleria** shoe shop/store
**calzone** *[kaltzonay]* folded pizza with tomato and mozzarella or ricotta inside
**cambio** bureau de change
**camera doppia con bagno/servizi** double room with bathroom
**camera doppia senza bagno** double room without bathroom
**camera singola con bagno/servizi** single room with bathroom

**camiceria** shirt shop/store
**camomilla** camomile tea
**campeggio** camping
**campione senza valore** sample, no commercial value
**cannella** cinnamon
**cannelloni al forno** rolls of egg pasta stuffed with meat and baked in the oven
**cannoli alla siciliana** *[seecheel-yana]* cylindrical pastries filled with ricotta and candied fruit
**cannoncini alla crema** *[—cheenee]* cylindrical pastries filled with fresh cream
**C.A.P. (Codice di Avviamento Postale)** post code, zip code
**capolinea** terminus
**caponata di melanzane** *[melantzanay]* fried aubergines/egg plants and celery cooked with tomato, capers and olives
**cappelle di funghi porcini alla griglia** *[kap-pel-lay dee foonghee porcheenee ... greel-ya]* grilled boletus mushroom tops
**cappelletti** *[kap-pel-let-tee]* little filled pasta parcels
**cappelletti con la panna** 'cappelletti' with cream
**cappelletti in brodo** 'cappelletti' in clear soup
**cappone lesso** *[kaponay]* boiled capon
**capretto al forno** roast kid
**caprino** *[kapreeno]* fresh, soft goat's cheese
**capriolo in salmì** *[kapree-olo]* roe deer venison in salmi
**carabinieri** Italian police force (which is actually a branch of the army)
**carcere** prison
**carciofi** *[karchofee]* artichokes
**carciofini sott'olio** *[karcho-feenee sotol-yo]* little artichokes in oil
**carne** *[karnay]* meat
**carne all'albese** *[karnay al albayzay]* thinly sliced raw fillet with olive oil and

**carote**

Parmesan cheese
**carote** *[karotay]* carrots
**carpaccio** *[karpacho]* finely sliced beef fillets with oil, lemon and grated Parmesan
**carré di maiale al forno** *[kar-ray dee ma-yalay]* roast loin of pork
**carrello dei dolci** *[day dolchee]* dessert trolley
**carrozza cuccette** sleepers
**carrozza letti** sleeping car
**carrozza ristorante** restaurant car
**carrozzeria** body shop
**carta-assegni** banker's card
**carta d'argento per anziani** senior citizens' card for reduced fares
**Cartizze** *[karteetzay]* sparkling, dry white wine from Veneto
**cartoleria** stationer
**cartolibreria** stationery and book shop/store
**cartoline (postali)** postcards
**casa comunale** town hall
**casalinghi** household goods
**casella postale** PO Box
**casello** motorway/highway tollgate
**cassa** counter, cash desk
**cassa automatica** autobank, cash dispenser
**cassa continua** autobank
**cassata siciliana** *[seecheel-yana]* Sicilian ice-cream cake with glacé fruit, chocolate and ricotta cheese
**cassetta per le lettere** letterbox, mailbox
**cassette di sicurezza** safe-deposit box
**cassiere** cashier, teller
**castagnaccio alla toscana** *[kastanyacho]* tart from Tuscany made with chestnut flour
**castagne** *[kastan-yay]* chestnuts
**catalogna** *[katalon-ya]* type of chicory with large leaves
**cattedrale** cathedral
**cavoletti di Bruxelles** *[brooxel]* Brussels sprouts
**cavolfiore** *[kavolf-yoray]* cauliflower
**cavolo** *[kavolo]* cabbage
**cavolo rosso stufato** *[stoofato]* stewed red cabbage
**cazzuola alla milanese** *[katzwola ... meelanayzay]* spicey pork sausage, pork and beans stewed in gravy
**CC (Carabinieri)** Italian police

**Cirò**

**cefalo** *[chefalo]* mullet
**cena** dinner, supper
**centro città** city centre/center
**cernia** *[chairn-ya]* grouper (*fish*)
**cernia al vino bianco** *[chairn-ya ... b-yanko]* grouper in white wine
**cerotto** sticking plaster
**cervella al burro** *[chairvel-la al boor-ro]* brains cooked in butter
**cetrioli** *[chaytree-olee]* cucumbers
**champagne** *[shampan-yuh]* champagne
**charlotte** *[sharlot]* ice-cream cake with milk, eggs, fresh cream, biscuits and fruit
**charlotte al cioccolato** *[sharlot al chokkolato]* chocolate 'charlotte'
**charlotte alla frutta** *[sharlot al-la froot-ta]* fruit 'charlotte'
**chiacchiere** *[k-yak-yairay]* sweet pastries fried in lard and covered in fine sugar
**chiamare** press to call
**Chianti** *[k-yantee]* dark red Tuscan wine with a bitterish aftertaste
**chiesa** church
**chiude alle ...** closes at ...
**chiudere bene dopo l'uso** close tightly after use
**chiuso (dalle ... alle ...)** closed (from ... to ...)
**chiuso per ferie** closed for holidays
**chiuso per turno** closing day
**chiusura settimanale ...** closed on ...
**ciambella** *[chambel-la]* ring-shaped cake
**cicoria** *[cheekoree-a]* chicory
**cicorino** *[cheekoreeno]* small chicory plants
**ciliege** *[cheel-yay-jay]* cherries
**cima alla piemontese** *[cheema ... p-yaymontayzay]* baked veal stuffed with chicken and chopped vegetables, served cold
**cime di rapa** *[cheemay]* young leaves of turnip plant
**cimitero** cemetery
**cinghiale in salmì** *[cheeng-yalay]* wild boar in salmi
**cioccolata** *[chok-kolata]* chocolate
**cioccolata calda** *[chok-kolata]* hot chocolate
**cipolle** *[cheepol-lay]* onions
**cipolline stufate** *[cheepol-leenay stoofatay]* small, stewed onions
**Cirò** *[cheero]* slightly sweet delicate red wine

**C.I.T. (Compagnia Italiana Turismo)** Italian tourist organization
**classe economica** economy class
**cocktail di gamberetti** *[gambairet-tee]* prawn cocktail
**coda alla vaccinara** *[vacheenara]* oxtail diced and stewed with vegetables
**codice di avviamento postale** post code, zip code
**coincidenza** connection
**colle di (del)** ... ... hill
**collegamenti internazionali** international connections
**colore** colo(u)r
**colorificio** paint and dyes shop/store
**coltelleria** cutlery shop/store
**comando dei vigili del fuoco** fire department headquarters
**comando dei vigili urbani** municipal headquarters of traffic police
**come?** *[komay]* sorry, pardon me?
**come va?** *[komay]* how are you?
**comico** *(film)* comedy
**commedia** *(film)* realistic, light drama dealing with human interest
**commissariato** police station
**commissione** commission
**compagnia aerea** airline company
**completo** full
**composizione** medicinal composition
**compressa** tablet
**comune di ...** municipality of ...
**comunicazione** phone call
**comunicazione in teleselezione (automatica)** direct dialling phone call
**comunicazione interurbana (fuori città)** long-distance phone call
**comunicazione urbana** local phone call
**concerto** concert
**concessionario** agency
**conchiglie alla marchigiana** *[konkeel-yay ... markeejana]* pasta shells in tomato sauce with celery, carrot, parsley and ham
**confetto** sugar-coated pill
**confezione da ...** ... size
**coniglio** *[koneel-yo]* rabbit
**coniglio arrosto** *[koneel-yo]* roast rabbit
**coniglio in salmì** *[koneel-yo]* salmi of rabbit
**coniglio in umido** *[koneel-yo een oomeedo]* stewed rabbit
**cono gelato** ice-cream cone

**conservare in frigo** keep refrigerated
**conservare in luogo asciutto** keep in a dry place
**consolato** consulate
**consommé** *[—may]* consommé, concentrated clear broth
**contascatti** time-unit counter
**contenuto: ... cl** contents ... cl
**conti correnti** current accounts
**continua** continuous
**contorni** vegetables
**contrassegno IVA** VAT has been paid
**controllo radar della velocità** radar speed check
**convergenza ruote** wheel alignment
**coperto** *[kopairto]* cover charge
**coppa** cured neck of pork, finely sliced and eaten cold
**cornetto** croissant
**corrispondenza** mail
**corsa semplice** one way (ticket)
**corsia di emergenza** emergency lane
**corsia di marcia normale** normal speed lane
**corsia di sorpasso** fast lane, overtaking lane
**Cortese** *[kortayzay]* dry Piedmontese wine
**Corvo di Salaparuta** *[—roota]* dry, Sicilian wine
**cosa?** what?
**cosciotto di agnello al forno** *[koshot-to dee an-yel-lo]* baked leg of lamb
**così così** *[kozee]* so-so
**costata** beef entrecote
**costata alla fiorentina** *[f-yorenteena]* Florentine entrecote
**cotechino** *[kotekeeno]* spiced pork sausage for boiling
**cotoletta** veal cutlet
**cotoletta ai ferri** *[a-ee fair-ree]* grilled veal cutlet
**cotoletta alla milanese** *[—nayzay]* veal cutlet in breadcrumbs
**cotoletta alla valdostana** veal cutlet with ham and cheese cooked in breadcrumbs
**cotoletta di agnello** *[an-yel-lo]* lamb cutlet
**cozze** *[kotzay]* mussels
**cozze alla marinara** *[kotzay]* mussels in marinade sauce
**C.P. (Casella Postale)** PO Box

**cracker** *[krekair]* cracker
**crauti** *[krowtee]* white cabbage cut in strips, cooked in vinegar and white wine
**credito** credit
**crema al caffè** *[kaf-fay]* coffee pudding
**crema al cioccolato** *[chok-kolato]* chocolate cream pudding
**crema alla vaniglia** *[vaneel-ya]* vanilla-flavo(u)red pudding
**crema di asparagi** *[asparajee]* cream of asparagus soup
**crema di funghi** *[foonghee]* cream of mushroom soup
**crema di patate** *[patatay]* potato purée
**crema di piselli** cream of pea soup
**crema di pollo** cream of chicken soup
**crema di pomodoro** cream of tomato soup
**crema pasticciera** *[pasteechaira]* confectioner's custard
**cremeria** dairy, also selling ice cream and cakes
**crêpes ai funghi** *[krep a-ee foonghee]* mushroom crêpes or pancakes
**crêpes al formaggio** *[krep al formaj-jo]* cheese crêpes or pancakes
**crêpes al prosciutto** *[krep al proshoot-to]* ham crêpes or pancakes
**crescente** *[kreshentay]* type of flat, fried Emilian bread made with flour, lard and egg
**crescenza** *[kreshentza]* soft fat cheese
**crescione** *[kreshonay]* bitter-tasting type of salad with tiny leaves
**crespelle** *[krespel-lay]* type of savo(u)ry pancake filled with white sauce
**crespelle ai funghi** *[krespel-lay a-ee foonghee]* savo(u)ry pancakes with mushrooms
**crespelle al formaggio** *[krespel-lay al formaj-jo]* savo(u)ry pancakes with cheese
**crespelle al pomodoro** *[krespel-lay]* savo(u)ry pancakes with tomato
**crocchette di patate** *[krok-ket-tay dee patatay]* potato croquettes
**crocchette di pesce** *[krok-ket-tay dee peshay]* fish croquettes
**crocchette di riso** *[krok-ket-tay]* rice croquettes
**costata di frutta** *[froot-ta]* fruit tart
**crostini ai funghi** *[a-ee foonghee]* croutons with mushrooms cooked in oil with garlic and parsley
**crostoni di mozzarella** mozzarella and tomato sauce served hot on home-made bread
**curva pericolosa** dangerous bend

# D

**da consumarsi preferibilmente entro ...** best before ...
**dadi** stock cubes
**da prendersi a digiuno** to be taken on an empty stomach
**da prendersi prima/dopo i pasti** to be taken before/after meals
**da prendersi secondo la prescrizione medica** to be taken according to doctor's prescription
**da prendersi tre volte al giorno** to be taken three times a day
**dare** debit
**datteri** *[dat-tairee]* dates

**da vendersi dietro presentazione di ricetta medica** to be sold on doctor's prescription only
**da vendersi entro ...** sell by ...
**debito** debit
**degustazione** *[degoostatz-yonay]* tasting
**degustazione di vini** *[degoostatz-yonay dee]* wine tasting
**denominazione di origine controllata** *[denomeenatz-yonay dee oreejeenay]* mark guaranteeing the quality of a wine
**dentice al forno** *[denteechay]* baked dentex (*type of sea bream*)
**deposito bagagli** left-luggage office, bag-

**desidera?**

gage checkroom
**desidera?** *[dezeedaira]* what would you like?, can I help you?
**dessert** *[daysair]* dessert
**destinatario** addressee
**destinazione** destination
**deviazione** diversion
**dica?** yes?
**digestivo** *[deejaysteevo]* liqueur drunk after meals to aid digestion
**dimmi** *[deemee]* yes?
**dischi** records
**dispositivo di emergenza** emergency button/handle
**distinta di versamento** paying-in slip
**distribuito da ...** distributed by ...
**distributore di biglietti** automatic ticket machine
**diuretico** diuretic
**divieto di affissione** stick no bills
**divieto di balneazione** no bathing
**divieto di fermata** no stopping
**divieto di sosta** no parking
**D.O.C. (Denominazione di Origine Controllata)** verification that wine has been approved by state body
**Dogana** Customs
**Dogana merci** Customs for freight
**Dogana passeggeri** passenger Customs
**dolce** *[dolchay]* sweet
**Dolcetto** *[dolchet-to]* dry red wine from Piedmont area
**dolci** *[dolchee]* cakes, gateaux etc
**donne** ladies, ladies' rest rooms
**drammatico** (*film*) drama
**drogheria** type of chemist and grocer combined, drugstore
**duomo** cathedral
**durante la marcia reggersi agli appositi sostegni** please hold on while vehicle is in motion

# E

**edicola** newsagent, news vendor
**elenco telefonico** telephone directory
**elettrauto** workshop for car electrical repairs
**elettricista** electrician
**elettrodomestici** electrical household appliances
**emissione del biglietto** take your ticket here
**endivia belga** *[endeev-ya]* Belgian endives
**E.N.I.T. (Ente Nazionale Italiano per il Turismo)** Italian tourist organization
**enoteca** wine tasting shop
**entrata** entrance
**entrata con abbonamento o biglietto già convalidato** entrance for those with season tickets or with valid tickets
**entrata libera** admission free
**entrecôte (di manzo)** *[mantzo]* beef entrecote
**E.P.T. (Ente Provinciale per il Turismo)** Italian tourist organization
**esaurito** sold out
**escluso sabato e festivi** except Saturdays and Sundays/holidays
**espresso** express mail; espresso coffee
**estero** overseas
**Est-Est-Est** dry or sweet white wine from around Montefiascone area
**estetista** beautician
**estratto conto** bank statement

# F

**F (freddo)** cold
**fagiano** *[fajano]* pheasant
**fagiano ai funghi** *[fajano a-ee foonghee]* pheasant with mushrooms
**fagiano arrosto** *[fajano]* roast pheasant
**fagioli** *[fajolee]* beans
**fagioli borlotti in umido** *[fajolee ... oomeedo]* fresh borlotti beans cooked in vegetables, herbs and tomato sauce
**fagiolini** *[fajoleenee]* long, green beans
**fai da te** do-it-yourself
**fantastico** (*film*) dealing with fantasy
**faraona** *[fara-ona]* guinea fowl
**farmacia** chemist, pharmacy
**fatto a mano** handmade
**fattura** *[fat-toora]* invoice given only on customer's request in bar, restaurant etc
**fegatini di pollo** *[fegateenee]* small chicken livers
**fegato** *[fegato]* liver
**fegato alla veneta** *[fegato ... venayta]* liver cooked in butter with onions
**fegato con salvia e burro** *[fegato ... boor-ro]* liver cooked in butter and sage
**fermata a richiesta, fermata facoltativa** request stop, flag stop
**fermata obbligatoria** compulsory stop
**fermata prenotata** bus/tram stopping
**fermo per manutenzione** closed for repairs
**fermo posta** poste-restante, general delivery
**ferramenta** ironmonger, hardware store
**fetta biscottata** slices of crispy toast-like bread, similar to crackers
**fettuccine** *[fet-toocheenay]* ribbon-shaped pasta
**fettucine al salmone** *[fet-toocheenay al salmonay]* 'fettucine' with salmon
**fettuccine panna e funghi** *[fet-toocheenay ... ay foonghee]* 'fettuccine' with cream and mushrooms
**FF.SS. (Ferrovie dello Stato)** Italian state railways/railroad
**fiala** phial
**fichi** *[feekee]* figs
**fido** credit
**figlio di puttana!** *[feel-yo dee pootana]* son of a bitch!
**fila** queue
**filetti di merluzzo** *[mairlootzo]* fillets of cod
**filetti di pesce persico** *[peshay pairseeko]* fillets of perch
**filetti di sogliola** *[sol-yola]* fillets of sole
**filetto (di manzo)** fillet of beef
**filetto ai ferri** *[a-ee fair-ree]* grilled fillet of beef
**filetto al cognac** fillet of beef in cognac
**filetto al pepe verde** *[paypay vairday]* fillet of beef with green pepper
**filetto al sangue** *[sangway]* rare fillet of beef
**filetto ben cotto** well-done fillet of beef
**filetto medio** *[mayd-yo]* medium-done fillet beef
**fine** end
**finocchi gratinati** *[feenok-kee]* fennel with melted, grated cheese
**finocchio** *[feenok-yo]* fennel; poof
**fioraio** florist
**fiori di zucca fritti** *[f-yoree dee tzook-ka]* fried pumpkin flowers
**fiorista** florist
**Firenze** Florence
**flacone** medicine bottle
**flan di spinaci** *[speenachee]* spinach flan/tart
**focaccia** *[fokacha]* flat bread smeared with olive oil and cooked in oven or grilled
**foglie di vite alla greca** *[fol-yay dee veetay]* Greek-style vine leaves
**fondue Bourguignonne** *[boorgheen-yon]* cubes of fillet steak fried in oil and dipped in various sauces

**fonduta** [—*doota*] cream made with cheese, milk and eggs
**fontina** soft, matured cheese also used for fondues and cooking in general
**formaggi misti** [*formaj-jee*] selection of cheeses
**formato normalizzato** standard format
**fornaio** baker
**forno** oven
**fotografo** photographer
**fotoottica** camera shop/store and optician
**fragole** [*fragolay*] strawberries
**francobolli** stamps
**frappé** [*frap-pay*] whisked drink with ice
**frappé al cioccolato** [*frap-pay al chokolat-to*] chocolate flavo(u)red drink with crushed ice
**frappé alla banana** [*frap-pay*] liquidized banana drink with crushed ice
**frappé alla fragola** [*frap-pay ... fragola*] liquidized strawberry drink with crushed ice
**Frascati** dry, white wine from area around Rome
**frazione di ...** administrative divisions of a municipality
**Freisa** [*fray-za*] dry, red wine from Piedmont region
**fricassea di coniglio** [*freekas-say-a dee koneel-yo*] chopped rabbit cooked in butter and aromatic herbs
**frittata** type of omelet(te)
**frittata al formaggio** [*formaj-jo*] cheese omelet(te)
**frittata alle erbe** [*al-lay airbay*] herb omelet(te)

**frittata alle verdure** [*al-lay vairdooray*] vegetable omelet(te)
**frittata al prosciutto** [*proshoot-to*] ham omelet(te)
**fritelle di banane** [—*tel-lay dee bananay*] banana fritters
**fritelle di mele** [—*tel-lay dee maylay*] apple fritters
**fritto misto** mixed seafood in batter
**frittura di pesce** [—*toora dee peshay*] variety of fried fish
**frontiera** border
**frullato di frutta** [*frool-lato dee froot-ta*] liquidized fruit drink with milk and crushed ice
**frutta** [*froot-ta*] fruit
**frutta alla fiamma** [*froot-ta ... f-yamma*] flambéd fruit
**frutta secca** [*froot-ta sek-ka*] dried nuts and raisins
**frutti di bosco** [*froot-tee*] mixture of strawberries, raspberries, mulberries etc
**frutti di mare** [*froot-tee dee maray*] seafood
**fruttivendolo** greengrocer, fruiterer
**F.S. (Ferrovie dello Stato)** Italian state railways/railroad
**fumatori** smokers
**funghetti alla greca** [*foonghet-tee*] little mushrooms, Greek-style
**funghi** [*foonghee*] mushrooms
**funghi trifolati** [*foonghee*] mushrooms fried in garlic and parsley
**fuori servizio** out of order
**fusilli al pomodoro** [*foozeel-lee*] pasta spirals with tomato sauce

# G

**gabinetti** toilets, rest rooms
**galantina di pollo** chicken with spices and herbs served in gelatine
**galleria** tunnel; balcony, circle
**Galles** Wales
**gamberetti** [*gambairet-tee*] shrimps
**gamberi** [*gambairee*] crayfish

**gamberoni** [*gambaironee*] king prawns
**gasolio** diesel
**gasolio invernale** diesel containing antifreeze
**gazzosa** [*gatzoza*] clear lemonade
**gelateria** ice cream parlo(u)r
**gelatina** [*jelateena*] gelatine

**gelato** *[jelato]* ice cream
**gelato con panna** *[jelato]* ice cream with fresh cream
**gelato di crema** *[jelato]* vanilla ice cream
**gelato di frutta** *[jelato dee froot-ta]* fruit-flavo(u)red ice cream
**Genova** Genoa
**gettone** telephone token
**giallo** *(film)* thriller
**giardiniera di verdure** *[jardeen-yaira dee vairdoora]* diced, mixed vegetables cooked and pickled
**giocattoli** toys
**gioielleria** jewel(l)er
**giornalaio** newsagent, news vendor
**giorno di chiusura** closing day
**giubbotti salvagente sotto la poltrona** lifejacket is under the seat
**gnocchetti verdi** *[n-yok-ket-tee vairdee]* little flour, potato and spinach dumplings sometimes with melted gorgonzola
**gnocchi** *[n-yok-kee]* little flour and potato dumplings
**gnocchi alla romana** *[n-yok-kee]* little milk semolina dumplings baked with butter
**gnocchi al pomodoro** *[n-yok-kee]* little flour and potato dumplings in tomato sauce
**gommista** tyre/tire repairer
**gorgonzola** strong, soft blue cheese from Lombardy area
**grafitaggio** graphite treatment of transmission in cars
**grana padano** cheese like Reggio Emilian but less matured, can be eaten ungrated
**grana reggiano** *[ray-jano]* Reggio Emilian grating cheese
**Gran Bretagna** Great Britain
**grancevola** *[granchayvola]* spiny spider crab
**granchio** *[grank-yo]* crab
**granita** drink with crushed ice
**granita di caffè** *[kaf-fay]* drink with crushed ice and coffee
**granita di caffè con panna** *[kaf-fay]* drink with crushed ice, coffee and fresh cream
**granita di limone** *[leemonay]* lemon drink with crushed ice
**grappa** very strong, clear liqueur made from grapes
**gratin di patate** *[gratan dee patatay]* potatoes with grated cheese
**grazie** *[gratzee-ay]* thank you
**grigliata di pesce** *[greel-yata dee peshay]* grilled fish
**grigliata mista** *[greel-yata]* mixed grill *(meat or fish)*
**Grignolino** *[green-yoleeno]* dry, red wine, light in colo(u)r
**grissini** thin, crisp sticks of bread
**Grumello** *[groomel-lo]* dry red wine with slight strawberry tang
**gruviera** *[groov-yaira]* Gruyère cheese
**guardaroba** cloakroom, checkroom
**guasto** out of order
**guida** guide
**gulash ungherese** *[goolash oongarayzay]* Hungarian goulash

# I

**i clienti sono pregati di lasciare libere le camere entro le ore 12 del giorno di partenza** when leaving, guests are requested to vacate rooms before midday
**idraulico** plumber
**imbarco immediato** now boarding
**in arrivo** arriving
**in caso di sosta in galleria accendere i fari e spegnere il motore** if stopping in tunnel, switch on headlights and switch off engine
**incrocio** crossroads, intersection
**indirizzo** address
**indivia** *[eendeev-ya]* endive
**Inferno** *[eenfairno]* dry, red wine from Lombardy

**infiammabile** inflammable
**informazioni** information
**Inghilterra** England
**ingrassaggio** lubrication
**ingredienti** ingredients
**ingresso** entrance
**ingresso gratuito/libero** admission free
**insalata** salad
**insalata caprese** *[kaprayzay]* sliced tomatoes and mozzarella
**insalata di carne** *[karnay]* meat salad
**insalata di funghi porcini** *[foonghee porcheenee]* boletus mushroom salad
**insalata di mare** *[maray]* seafood salad
**insalata di nervetti** *[nairvet-tee]* boiled beef or veal cut up and served cold with beans and pickles
**insalata di pollo** chicken salad
**insalata di pomodori** tomato salad
**insalata di riso** rice salad
**insalata mista** mixed salad
**insalata russa** *[roos-sa]* Russian salad
**insalata verde** *[vairday]* green salad
**intervallo** interval
**introdurre un biglietto alla volta** insert only one ticket at a time
**involtini** stuffed rolls (*of meat, pastry*)
**involtini di prosciutto** *[proshoot-to]* rolls of sliced ham with Russian salad filling
**istruzioni per l'uso** instructions for use
**I.V.A. (Imposta sul Valore Aggiunto)** VAT, value-added tax
**I.V.A. compresa** inclusive of VAT

# L

**la scatola priva del talloncino non può essere venduta** boxes without a coupon cannot be sold
**Lambrusco** sweet, red or white sparkling wine from Emilia-Romagna area
**lamponi** raspberries
**lasagne al forno** *[lazan-yay]* baked lasagne
**lassativo** laxative
**latte** *[lat-tay]* milk
**latte macchiato con cioccolato** *[lat-tay mak-yato kon chok-kolato]* foaming milk with a sprinkling of cocoa powder
**latteria** dairy
**lattuga** *[lat-tooga]* lettuce
**lavaggio** wash
**lavanderia** laundrette, laundromat
**lavare a mano** wash by hand
**lavare a secco** dry-clean only
**lavare separatamente** wash separately
**lavasecco** dry-cleaner
**lavori in corso** men at work
**leggero** *[lej-jairo]* light
**legumi** *[lay-goomee]* green vegetables
**lenticchie** *[lenteekee-ay]* lentils
**lenticchie brasate** *[lenteek-kee-ay brazatay]* braised lentils
**lepre** *[lepray]* hare
**lettera di credito** letter of credit
**lettera tassata** excess postage to be paid
**lettere** letters
**libero** vacant, free
**libreria** book shop/store
**libretti di risparmio** savings books
**libretto di assegni** cheque/check book
**libri** books
**limonata** lemon-flavo(u)red drink
**limone** *[leemonay]* lemon
**linee secondarie** secondary routes
**lingua** *[leengwa]* tongue
**lingua salmistrata** *[leengwa]* corned tongue
**listino dei cambi** exchange rates
**Lit.** lira
**località: ...** locality of ...
**loggione** gallery, the gods
**lonza di maiale al latte** *[lontza dee mayalay al lat-tay]* pork loin cooked in milk

# M

**M (Metropolitana)** underground; subway

**maccheroni alla siciliana** [mak-kaironee ... seecheel-yana] macaroni with tomato sauce and grated Sicilian ricotta cheese

**maccheroni al ragù** [mak-kaironee al ragoo] macaroni in a mince/ground beef and tomato sauce

**macedonia di frutta** [machaydon-ya dee froot-ta] fruit salad

**macedonia di frutta al maraschino** [machaydon-ya dee froot-ta al maraskeeno] fruit salad in Maraschino liqueur

**macedonia di frutta con gelato** [machaydon-ya dee froot-ta kon jelato] fruit salad with ice cream

**macelleria** butcher

**maiale** [ma-yalay] pork

**maionese** [ma-yonayzay] mayonnaise

**Malvasia** [malvazee-a] dry, white Sardinian wine (sometimes slightly sparkling)

**mandarino** [—eeno] mandarin

**mandorla** [man—] almond

**manzo** [mantzo] beef

**marcia a senso unico alternato** temporary one way system in operation

**marroni** [mar-ronee] chestnuts

**Marsala** thick, very sweet wine similar to sherry

**marzapane** [martzapanay] marzipan

**mascarpone** [maskarponay] very fat, cream cheese, also used for making desserts

**meccanico** mechanic

**medaglioni di vitello** [maydal-yonee] round pieces of veal

**mediceo** from the period of the Medici

**medievale** mediaeval

**mela** [mayla] apple

**melanzane** [melantzanay] aubergines, eggplants

**melanzane alla siciliana** [melantzanay ... seecheel-yana] baked aubergine/eggplant slices with Parmesan, tomato sauce and egg

**melone** [melonay] melon

**melone al porto** [melonay] melon with port

**menta** mint

**menu fisso** [minoo] set menu

**menu turistico** [minoo tooreesteeko] tourist menu

**merceria** haberdashery, notions

**merda!** [mairda] shit!

**meringata** [mairingata] meringue pie

**meringhe con panna** [maireengay] meringues with fresh cream

**Merlot** [mairlot] very dark red wine with slightly herby flavo(u)r, of French origin

**merluzzo** [mairlootzo] cod

**merluzzo alla pizzaiola** [mairlootzo ... peetza-yola] cod in tomato sauce with anchovies, capers and parsley

**merluzzo in bianco** [mairlootzo een b-yanko] boiled cod with oil and lemon

**messicani in gelatina** [jelateena] rolls of veal in gelatine

**metà prezzo** half price

**Metropolitana** underground, subway

**mezza pensione** half board, European plan

**mi dica** yes?

**millefoglie** [meel-lefol-yay] layered pastry slice with confectioner's custard

**minestra di orzo** [meenestra dee ortzo] barley soup

**minestra di riso e prezzemolo (in brodo)** [meenestra ... pretzaymolo] parsley and rice soup

**minestra di verdure** [meenestra dee vairdooray] vegetable soup

**minestra in brodo** [meenestra] noodle soup

**minestre** [meenestray] first courses

**minestrone** [meenestronay] thick veg-

**ministero**          89          **oggetti smarriti**

etable and rice (or noodle) broth
**ministero** ministry, board, office
**mirtilli** bilberries, blueberries
**mi scusi** *[mee skoozee]* excuse me
**misto lana** wool mixture
**mittente** sender
**mobili** furniture
**moduli** forms
**moneta** change
**Montebianco** *[monteb-yanko]* puréed chestnut and whipped cream pudding
**more** *[moray]* mulberries, blackberries
**Moscato** sweet, sparkling fruity wine
**mostarda di Cremona** preserve of glacé fruit in grape must with mustard
**mostra** exhibition
**mousse al cioccolato** *[mooss al chokkolato]* chocolate mousse
**movimenti** transactions
**mozzarella** rubbery milky buffalo cheese made in little round forms
**mozzarella in carrozza** *[een kar-rotza]* slices of bread and mozzarella floured and fried
**multa** fine
**municipio** town hall
**museo** museum
**mutuo** (bank) loan

# N

**Napoli** Naples
**nasello** hake
**navigazioni lacuali** lake shipping timetable/schedule
**Nebbiolo** *[nayb-yolo]* dry, red wine from Piedmont region
**neonato** new-born baby
**nocciole** *[nocholay]* hazel-nuts
**noce di vitello ai funghi** *[nochay ... a-ee foonghee]* veal with mushrooms
**noce moscata** *[nochay]* nutmeg
**noci** *[nochee]* walnuts
**nodino** veal chop
**noleggio** for hire/rent
**non bucare** do not pierce
**non esporre ai raggi solari** do not expose to direct sunlight
**non fumatori** non-smokers
**non lo so** I don't know
**non oltrepassare la dose prescritta** do not exceed the stated dose
**non parlare al guidatore/manovratore** do not speak to the bus driver/tram driver
**non toccare** do not touch
**normale** 2-star (petrol), regular (gas)
**numero** number
**numero di volo** flight number

# O

**obbligazioni** (government) bonds
**obbligo di catene o pneumatici da neve dal km ...** chains or snow tyres/tires compulsory at ... km
**occasioni** bargains
**occupato** engaged, busy
**officina** workshop, garage
**officina meccanica** auto repairs
**oggetti smarriti** lost property, lost and found

**ogni abuso sara punito** penalty for misuse
**olio** *[ol-yo]* oil
**omelette al formaggio** *[omlet al formaj-jo]* cheese omlet(te)
**omelette al prosciutto** *[omlet al pro-shoot-to]* ham omelet(te)
**omelette con funghi** *[omlet kon foong-hee]* mushroom omlet(te)
**omelette con spinaci** *[omlet kon spee-nachee]* spinach omlet(te)
**orario degli spettacoli** times of performances
**orario di apertura** opening hours
**orario estivo** summer timetable/schedule
**orario invernale** winter timetable/schedule

**orata al forno** baked gilthead *(fish)*
**orecchiette al sugo (di pomodoro)** *[orek-yet-tay al soogo]* small pasta shells with (tomato) sauce
**orecchiette con cime di rapa** *[orek-yet-tay kon cheemay]* 'orecchiette' with turnip tops
**orologeria** watchmaker
**ortolano** greengrocer
**Orvieto** *[orv-yayto]* crisp white wine, usually dry
**ospedale** hospital
**ossobuco** *[—booko]* stewed shin of veal
**ostello della gioventù** youth hostel
**ostriche** *[ostreekay]* oysters
**ottica** optician
**ovest** west

# P

**pacchi postali** parcels, packages
**pacco da ...** packet containing ...
**pagamento pedaggio** toll
**pagamento pensioni** pensions
**pagine gialle** yellow pages
**paglia e fieno** *[pal-ya ay f-yayno]* mixture of ordinary and green 'tagliatelle'
**paillard di manzo o vitello** *[pa-yar dee mantzo]* slices of grilled beef or veal
**palco** box *(in theatre)*
**pancotto** cooked bread seasoned with grated cheese, butter (and tomato)
**pane** *[panay]* bread
**panetteria** baker
**panettone** *[panet-tonay]* very light airy sponge Christmas cake
**panino** filled roll
**paninoteca** bar selling a large variety of sandwiches
**panna** fresh cream
**panzanella** Tuscan dish of bread with fresh tomatoes, onions, basil and oil
**parcheggio** parking
**parcheggio privato** private parking
**parmigiana di melanzane** *[parmeejana dee melantzanay]* layers of aubergines/eggplants, tomato sauce, mozzarella and Parmesan, baked
**parmigiano** *[parmeejano]* Parmesan cheese
**parrucchiere** hairdresser
**partenze** departures
**passaggio bambini** children crossing
**passaporti** passports
**passato di verdure** *[vairdooray]* vegetable purée
**passo carraio** driveway
**passo del(la) ... ...** pass
**pasta al forno** pasta baked in white sauce and grated cheese
**pasta alla crema** fresh cream pastry
**pasta alla frutta** *[froot-ta]* fruit pastry
**pasta e fagioli** *[fajolee]* very thick soup with blended borlotti beans and small pasta rings
**pasta e piselli** pasta with peas
**pasticceria** cake shop/store, often sells bread
**pasticcino** *[—cheeno]* little cake
**pasticcio di fegato d'oca** *[pasteecho dee fegato]* baked, pasta-covered dish with goose liver

**pasticcio di lepre** *[pasteecho dee lepray]* baked, pasta-covered dish with hare
**pasticcio di maccheroni** *[pasteecho dee mak-kaironee]* baked macaroni
**pastiera napoletana** *[past-yaira]* flaky pastry filled with ricotta cheese and candied fruit and baked
**pastificio** pasta bakery
**pastina in brodo** noodle soup
**patate** *[patatay]* potatoes
**patate al forno** *[patatay]* baked potatoes
**patate arrosto** *[patatay]* roast potatoes
**patate fritte** *[patatay freet-tay]* chips, French fries
**patate in insalata** *[patatay]* potato salad
**patate saltate** *[patatay saltatay]* sautéd potatoes
**pâté di carne** *[karnay]* meat pâté
**pâté di fegato** *[fegato]* liver pâté
**pâté di pesce** *[peshay]* fish pâté
**pecorino** *[pekoreeno]* strong, hard ewe's milk cheese
**pecorino sardo** *[pekoreeno]* hard, matured Sardinian ewe's cheese
**pedaggio** toll
**pedoni** pedestrians
**pelletteria** leather goods
**pellicceria** furrier
**penne** *[pen-nay]* type of pasta similar to macaroni
**penne ai quattro formaggi** *[pen-nay a-ee kwat-tro formaj-jee]* type of macaroni with sauce made from four cheeses
**penne all'arrabbiata** *[pen-nay al ar-rab-yata]* type of macaroni with tomato and chili pepper sauce
**penne panna e prosciutto** *[pen-nay ... proshoot-to]* type of macaroni with fresh cream and ham sauce
**penne rigate** 'penne' with ridges
**pensione** family hotel, boarding house
**pensione completa** full board, American plan
**pepe** *[paypay]* pepper (*spice*)
**peperonata** *[paypayronata]* peppers cooked in olive oil with onion, tomato and garlic
**peperoni** *[paypayronee]* peppers
**peperoni ripieni (di carne)** *[paypayronee reep-yaynee dee karnay]* peppers stuffed with meat
**peperoni sott'olio** *[paypayronee sotol-yo]* peppers in oil
**pera** *[paira]* pear
**per aprire svitare** unscrew to open
**per favore** *[pair favoray]* please
**pericolo** danger
**pericoloso sporgersi** it is dangerous to lean out of the window
**per invalidi** for disabled people
**periodo di validità** valid for/until
**per la città** local mail only
**per tutte le altre destinazioni** all other destinations
**persone** persons
**pesca** peach
**pesca melba** peach melba
**pesce** *[peshay]* fish
**pesce al cartoccio** *[peshay al kartocho]* fish baked in foil with herbs
**pesce in carpione** *[peshay een karp-yonay]* soused fish
**pesce spada** swordfish
**pescheria** fishmonger
**peso netto** net weight
**peso netto sgocciolato** dry net weight
**petti di pollo impanati** chicken breasts in breadcrumbs
**piano** floor, stor(e)y
**piano terra** ground floor
**piedini di maiale** *[p-yaydeenee dee ma-yalay]* pigs' trotters
**Pinot** *[peeno]* light, dry white wine from Veneto region
**Pinot bianco** *[peeno b-yanko]* dry, white wine from various Northern regions
**Pinot grigio** *[peeno greejo]* dry, white wine from Venezia-Giulia
**Pinot nero** *[peeno nairo]* dry, red wine from Veneto
**pinzimonio** *[peentzeemon-yo]* selection of whole, raw vegetables eaten with oil and vinegar
**piscina** swimming pool
**piselli** *[peesel-lee]* peas
**piselli al prosciutto** *[proshoot-to]* fresh peas cooked in clear broth, butter, ham and basil
**pizzaiola** *[peetza-yola]* slices of cooked beef in tomato sauce, oregano and anchovies
**pizza Margherita** *[margaireeta]* pizza with tomato and mozzarella
**pizza napoletana** pizza with tomato, mozzarella and anchovies

**pizza quattro stagioni** *[kwat-tro sta-jonee]* pizza with tomato, mozzarella, ham, mushrooms and little artichokes
**pizzicheria** delicatessen selling meats and cheeses
**pizzoccheri alla Valtellinese** *[peetzokkairee ... valtel-leenayzay]* thin, pasta strips with green vegetables, melted butter and cheese
**platea** stalls, parquet
**polenta** cornflour boiled in water with salt until firm and cut in slices
**polenta concia** *[koncha]* cornflour mixture sliced and baked in garlic, cheese and butter
**polenta e funghi** *[foonghee]* cornflour boiled in water till firm and served with mushrooms
**polenta e latte** *[lat-tay]* cornflour boiled in water till firm, with milk
**polenta e osei/uccellini** *[ozay-ee, oochel-leenee]* cornflour boiled in water till firm and served with little birds
**polenta fritta** cornflour boiled, left to set, then cut in slices and fried
**polenta pasticciata** *[pasteechata]* alternate layers of 'polenta', tomato sauce and cheese
**polizia** police
**polizia stradale** traffic/highway police
**polleria, pollivendolo** butcher specializing in chicken
**pollo** chicken
**pollo al forno** roast chicken
**pollo alla cacciatora** *[kachatora]* chicken chasseur, pieces of fried chicken in a sauce
**pollo alla diavola** *[dee-avola]* chicken pieces pressed and fried
**pollo arrosto** roast chicken
**polpette** *[—pet-tay]* meatballs
**polpettone** *[—pet-tonay]* meat-loaf
**polpi in umido** *[oomeedo]* stewed polyps (*type of squid*)
**poltrona** seat in stalls
**pomata** cream
**pomata cicatrizzante** healing cream for cuts
**pomodori** *[pomodoree]* tomatoes
**pomodori alla maionese** *[ma-yonayzay]* tomatoes with mayonnaise
**pomodori ripieni di riso** *[reep-yaynee]* tomatoes stuffed with rice

**pompelmo** grapefruit
**porchetta allo spiedo** *[porket-ta ... spyaydo]* sucking pig on the spit
**porri** leeks
**portiere** porter
**portiere di notte** night porter
**porto** port
**posta centrale** central post office
**posti a sedere** seats
**posti a sedere/in piedi** seats/standing room
**posto di telefono pubblico** public telephone
**posto riservato a mutilati e invalidi** seat reserved for disabled persons only
**pranzo** lunch
**prefisso** dialling code, area code
**prego** *[praygo]* please, pardon (me), you're welcome, after you
**prelevamento** withdrawal
**prenotato** reserved
**prenotazioni** reservations
**presente** present
**pressione gomme** tyre/tire pressure
**previsto per le ore ...** expected time of arrival ...
**prezzemolo** *[pretzay—]* parsley
**prezzo** price
**prezzo all'etto** price per 'etto' (about 4 oz.)
**prezzo al kg** price per kilogram
**prezzo intero** full price
**prezzo ridotto** reduced price
**prigione** prison
**prima colazione compresa/non compresa** breakfast included/not included
**prima visione** first showing
**primi piatti** *[p-yat-tee]* first courses
**primo tempo** first half
**prodotto artigianalmente** made by craftsmen
**prodotto e confezionato a norma delle vigenti leggi** produced and packed according to the laws in force
**prodotto e imbottigliato da ...** produced and bottled by ...
**profumeria** perfumery
**pro loco** tourist office in very small places
**pronto** hello (*on telephone*)
**pronto soccorso** casualty, first aid
**prosa** (*teatro*) straight theatre/theater, drama
**prosciutto al madera** *[proshoot-to al*

**prosciutto cotto**

*madaira]* ham with madeira
**prosciutto cotto** *[proshoot-to]* cooked ham
**prosciutto crudo/di Parma** *[proshoot-to kroodo]* dry-cured ham, Parma ham
**prosciutto di cinghiale** *[proshoot-to dee cheeng-yalay]* wild boar ham
**prosciutto di Praga** *[proshoot-to]* type of dry-cured ham
**prosciutto e fichi** *[proshoot-to ay feekee]* dry-cured ham and figs
**prosciutto e melone** *[proshoot-to ay melonay]* dry-cured ham and melon
**prosciutto San Daniele** *[proshoot-to san dan-yaylay]* dry-cured ham from San Daniele
**Prosecco** white wine from Trevigiano, can be either sweet or sparkling dry
**provolone** *[—onay]* oval-shaped cheese, slightly smoked and spicey
**prugne** *[proon-yay]* plums
**P.T. (Poste e Telegrafi)** Italian Post Office
**punte di asparagi all'agro** *[poontay dee asparajee]* asparagus tips in oil and lemon
**pura lana vergine/seta** pure wool/silk
**puré di patate** *[pooray dee patatay]* creamed potatoes
**puro cotone/lino** pure cotton/linen

# Q

**qua** here
**quaglie** *[kwal-yay]* quails
**quando** when
**quello** that one
**questo** this one
**qui** here

# R

**racc. (raccomandata)** registered mail
**raccomandata con ricevuta di ritorno** registered mail with receipt given on delivery of letter
**raccomandata espresso** registered express mail
**radicchio** *[radeek-yo]* chicory
**radio — TV — dischi** radio — TV — records
**ragù** *[ragoo]* sauce made from mince/ground beef, tomatoes and chopped vegetables
**RAI-TV (Radiotelevisione italiana)** Italian radio and television
**rallentare** slow down
**rapa** type of white turnip with flavo(u)r similar to radish
**rapanelli** radishes
**ravioli** tiny packets of egg pasta stuffed with meat, cheese etc
**ravioli al pomodoro** little pasta packets stuffed with meat, in tomato sauce
**razza** *[ratza]* skate
**razza di idiota!** *[ratza]* stupid idiot!
**resta di Como** speciality of Como, pastry rolled around a stick and baked
**ricambi** spare parts
**ricevuta** receipt
**ricevuta fiscale** bill, from a restaurant, bar etc

**ricotta** type of cottage cheese
**ricotta piemontese** *[p-yaymontayzay]* similar to 'ricotta romana'
**ricotta romana** soft, fresh cheese also used for making desserts
**ricotta siciliana** *[seecheel-yana]* slightly matured and salty ricotta cheese
**Riesling** *[reezling]* dry, white wine from various Northern regions
**rigatoni al pomodoro** short, ridged pasta shapes with tomato sauce
**rimozione forzata** illegally parked vehicles will be removed at owner's expense
**rinfresco** refreshment
**riparazioni** repairs
**riservato CC** Consular Corps only
**riservato CD** Diplomatic Corps only
**riservato Polizia** Police only
**riservato agli abbonati** for magnetic toll card holders only
**riservato ai clienti dell'albergo** for hotel guests only
**riservato carico** loading only
**riservato scarico merci** unloading of goods only
**riservato tram, taxi, bus** trams, taxis, buses only
**risi e bisi** risotto with peas and little pieces of ham
**riso** rice
**riso al pomodoro** rice with tomato
**riso in brodo** rice in clear broth
**riso in insalata** rice salad
**riso pilaf** rice cooked in the oven with butter and onion
**risotto** risotto, rice boiled gradually in clear broth
**risotto ai funghi** *[a-ee foonghee]* mushroom risotto
**risotto al Barolo** risotto with Barolo (*type of full-bodied red wine from Piedmont*)
**risotto alla castellana** risotto with mushroom, ham, cream and cheese sauce
**risotto alla milanese (allo zafferano)** *[—nayzay ... tzaf-fairano]* risotto with saffron
**risotto al nero di seppia** *[nairo dee sep-ya]* black risotto (with cuttlefish ink)
**risotto al salmone** *[salmonay]* salmon risotto
**risotto al salto** saffron risotto sautéd in a pan giving it the form of a pie
**risotto al tartufo** *[tartoofo]* truffle
**risotto con la salsiccia** *[salseecha]* risotto with pork 'salsiccia', a type of spicy pork sausage
**risotto con la zucca** *[tzook-ka]* risotto with pumpkin
**risparmi** savings
**ristorante** restaurant
**ritardo ...** delay ...
**ritirata** toilet/rest room on train
**ritiro bagaglio** baggage claim
**Riviera ligure** Italian Riviera
**roast-beef all'inglese** *[eenglayzay]* thin slices of roast beef served cold with lemon
**robiola** *[rob-yola]* type of soft fresh cheese from Lombardy
**rognone trifolato** *[ron-yonay]* small pieces of kidney in garlic, oil and parsley
**rosatello** dry, rosé wine
**rosato** rosé wine
**rosmarino** rosemary
**rosticceria** take-away selling hot meat dishes
**rotolini di salmone** *[salmonay]* little rolls of salmon
**R.R. (ricevuta di ritorno)** receipt for registered mail

# S

**Saint-Honoré** *[santonoray]* tart with soft, pastry base and fresh cream doughnuts

**sala da pranzo** dining room
**sala d'attesa** waiting room
**sala di conferenze** conference hall

**salame** [salamay] salami
**salame di cioccolato** [salamay dee chokkolato] mixture of broken biscuits and chocolate in form of a salami
**salatini** tiny salted crackers, crisps/potato chips and peanuts (eaten with aperitifs)
**saldi di fine stagione** end of season sales
**sale** [salay] salt
**salmì** [salmee] salmi, highly seasoned game dish, stewed in wine
**salmone affumicato** [salmonay affoomeekato] smoked salmon
**salsa cocktail** mayonnaise and ketchup sauce for garnishing fish and seafood
**salsa di pomodoro** tomato sauce
**salsa tartara** tartare sauce
**salsa vellutata** [vel-lootata] white sauce made with clear broth instead of milk
**salsa verde** [vairday] sauce for meats made with chopped parsley and oil
**salsiccia** [salseecha] sausage
**salsiccia di cinghiale** [salseecha dee cheeng-yalay] wild boar sausage
**salsiccia di maiale** [salseecha dee mayalay] pork sausage
**saltimbocca alla romana** slices of veal rolled with ham and sage and fried
**salumaio** grocer selling meats and cheeses
**salumeria** delicatessen for meats and cheeses
**salvia** sage
**Sambuca (con la mosca)** [—booka] liqueur with aniseed taste (with a coffee bean)
**Sangiovese** [sanjovayzay] heavy, dry red wine
**saraghi alla griglia** [saraghee ... greelya] grilled white bream
**sarde ai ferri** [sarday a-ee fair-ree] grilled sardines
**sardine** [—eenay] sardines
**sartoria** tailor, dressmaker
**Sassella** dry, delicate red wine from Vatellina area
**S.A.U.B (Struttura Amministrativa Unificata di Base)** Italian national health service, Italian health care
**Sauvignon** [sooven-yon] dry, white wine from Veneto
**scadenza** expiry date
**scale** stairs
**scale mobili** escalator
**scaloppine** [—eenay] veal escalopes

**scaloppine ai carciofi** [—eenay a-ee karchofee] veal escalopes with artichokes
**scaloppine ai funghi** [—eenay a-ee foonghee] veal escalopes with mushrooms
**scaloppine al Marsala** [—eenay] veal escalopes in Marsala
**scaloppine al prezzemolo** [—eenay al pretzay—] veal escalopes with parsley
**scaloppine al vino bianco** [—eenay ... b-yanko] veal escalopes in white wine
**scamorza alla griglia** [skamortza ... greel-ya] type of soft cheese, grilled
**scampi alla griglia** [greel-ya] grilled scampi
**scarola** type of endive
**scatto** time-unit
**scheda** card
**sconto del ... %** discount of ... %
**scontrino** receipt
**scorzonera al burro** [—tzonaira al boorro] type of root cooked in butter
**Scozia** Scotland
**scuola** school
**secco** [sek-ko] dry
**seconda visione** second showing
**secondi piatti/pietanze** [sekondee p-yat-tee, p-yetantzay] second courses
**secondo tempo** second half
**sedano** [saydano] celery
**sedano di Verona** [saydano dee] Veronese celery
**seggiovia** ski-lift
**segnaletica in rifacimento** road signs being repainted
**sella di cervo** [chairvo] rump of venison
**selvaggina** [selvaj-jeena] game
**semaforo a ... m** traffic light(s) at ... metres/meters
**semifreddo** dessert made of ice cream, sponge etc and served cold
**senape** [senapay] mustard
**senso unico** one way
**senza conservanti** no preservatives
**seppie in umido** [sep-yay een oomeedo] stewed cuttlefish
**seppie ripiene** [sep-yay reep-yaynay] stuffed cuttlefish
**servire freddo** serve chilled
**servizio a bordo** in-flight service
**servizio autotraghetto** car ferry
**servizio compreso** [sairveetz-yo —rayzo] service charge included

**servizio escluso** [sairveetz-yo esklooso] not including service charge
**servizio traghetto** passenger ferry
**sfogliata agli spinaci** [sfol-yata al-yee speenachee] flaky pastry with spinach filling
**sfogliata al salmone** [sfol-yata al salmonay] flaky pastry with salmon filling
**si accomodi** [see ak-komodee] take a seat
**si effettua dal ... al ...** this service is available from ... till ...
**signore** ladies, ladies' rest rooms
**signori** gentlemen, men's rest rooms
**SIP (Società Italiana per l'Esercizio Telefonico)** Italian telecommunications organization
**si prega di ...** please ...
**si prega di non fumare** please refrain from smoking
**si prega di ritirare lo scontrino** please get your receipt first
**Soave** [swavay] light, dry white wine from region around Lake Garda
**sofficini al formaggio** [sof-feecheenee al formaj-jo] crispy pancakes with cheese filling
**sogliola** [sol-yola] sole
**sogliola ai ferri** [sol-yola a-ee fair-ree] grilled sole
**sogliola al burro** [sol-yola al boor-ro] sole cooked in butter
**sogliola alla mugnaia** [sol-yola ... moon-ya-ya] sole cooked in flour and butter
**solo servizio cuccette e letti** sleepers only
**somministrazione per via orale** to be taken orally
**sorbetto** sherbet, soft ice cream
**sosta autorizzata** parking permitted
**sosta vietata** no parking
**sottopassaggio** underpass
**soufflé al formaggio** [formaj-jo] cheese soufflé
**soufflé al prosciutto** [proshoot-to] ham soufflé
**SP (strada provinciale)** secondary road
**spaghetti aglio, olio e peperoncino** [al-yo ol-yo ay paypayroncheeno] spaghetti with garlic, oil and crushed chili pepper
**spaghetti alla carbonara** spaghetti with egg, cheese and diced bacon sauce

**spaghetti alla matriciana** [matreechana] spaghetti in minced pork and tomato sauce, typical of Rome
**spaghetti alla puttanesca** [pootaneska] spaghetti with anchovies, capers and black olives in tomato sauce
**spaghetti alle melanzane** [al-lay melantzanay] spaghetti with aubergines/eggplants
**spaghetti alle noci** [al-lay nochee] spaghetti with fresh cream, grated nuts and cheese
**spaghetti alle vongole** [vongolay] spaghetti with clams
**spaghetti al pesto** spaghetti in crushed basil, garlic, oil and Parmesan dressing
**spaghetti al pomodoro** spaghetti in tomato sauce
**spaghetti al ragù** [ragoo] spaghetti with mince/ground beef and tomato sauce
**speck** type of dry-cured, smoked ham
**spedire** to send
**spettacolo** performance
**spezzatino di vitello** [spetzateeno] veal stew
**spiedini** [sp-yaydeenee] small pieces of different meats or fish cooked on the spit
**spiedini di scampi** [sp-yaydeenee] scampi on the spit
**spinaci** [speenachee] spinach
**spinaci all'agro** [speenachee] spinach with oil and lemon
**spingere** push
**sportello** counter
**sport — tempo libero** sport — leisure
**spremuta d'arancia** [spraymoota darancha] freshly squeezed orange juice
**spremuta di limone** [spraymoota dee leemonay] freshly squeezed lemon juice
**spuma di salmone** [spooma dee salmonay] salmon mousse
**spumante** [spoomantay] sparkling wine, like champagne
**spuntino** snack
**SS (strada statale)** national motorway/highway
**stadio** stadium
**stampa** printed matter
**stampa augurale e partecipazione** greetings cards and bulk mailings at cheaper rate if envelope unsealed
**stampa periodica** printed matter, newspapers, magazines

**Stati Uniti** United States
**stazione di servizio** service station
**stazione ferroviaria** train station
**stoccafisso** dried cod
**stracchino** [strak-keeno] type of soft, fresh cheese from Lombardy
**stracchino alle fragole** [strak-keeno allay fragolay] strawberries and whipped cream liquidized and frozen
**stracciatella** [stracha-tel-la] beaten eggs cooked in boiling, clear broth; vanilla ice cream with chocolate chips
**strada interrotta** road blocked
**strada senza uscita** no thoroughfare, dead end
**strangolapreti** [—praytee] little spinach and potato balls
**Strega** Italian liqueur made from a secret recipe
**strudel di mele** [dee maylay] apple strudel
**stufato con verdure** [stoofato kon vairdooray] meat stewed with vegetables and herbs
**subito** [soobeeto] straight away, in a minute
**succo d'arancia** [sook-ko darancha] orange juice
**succo di albicocca** [sook-ko dee —kokka] apricot juice
**succo di pera** [sook-ko dee paira] pear juice
**succo di pesca** [sook-ko] peach juice
**succo di pompelmo** [sook-ko] grapefruit juice
**sugo al tonno** [soogo] tomato sauce with garlic, tuna and parsley
**sulfamidico** sulphonamide/sulpha drug
**suonare** please ring
**super** 4-star (petrol), premium (gas)
**supplemento 3o letto** third bed supplement payable
**supplemento treno rapido** express train supplement
**Svizzera** [zveetzaira] Switzerland
**svizzera** [zveetzaira] hamburger

# T

**T (tabaccheria)** tobacconist, tobacco store
**tabaccheria, tabacchi, tabaccaio** bar selling cigarettes
**tacchino ripieno** [tak-keeno reepyayno] stuffed turkey
**taglia** size
**tagliando di controllo** coupon guaranteeing quality
**tagliata** [tal-yata] finely-cut beef fillet heated in the oven
**tagliatelle** [tal-yatel-lay] thin, flat strips of egg pasta
**tagliatelle al basilico** [tal-yatel-lay] 'tagliatelle' and chopped basil
**tagliatelle alla bolognese** [tal-yatel-lay ... bolon-yayzay] 'tagliatelle' with mince/ground beef and tomato sauce
**tagliatelle al pomodoro** [tal-yatel-lay] 'tagliatelle' with tomato sauce
**tagliatelle al prosciutto** [tal-yat-tel-lay al proshoot-to] 'tagliatelle' with ham
**tagliatelle al ragù** [tal-yatel-lay al ragoo] 'tagliatelle' with mince/ground beef and tomato sauce
**tagliatelle con panna e funghi** [tal-yatel-lay ... foonghee] 'tagliatelle' with cream and ham sauce
**tagliatelle rosse** [tal-yatel-lay ros-say] 'tagliatelle' with chopped red peppers
**tagliatelle verdi** [tal-yatel-lay vairdee] 'tagliatelle' with chopped spinach
**taglierini al tartufo** [tal-yaireenee al tartoofo] very thin pasta strips with truffles
**tagliolini** [tal-yoleenee] thin, soup noodles
**tagliolini ai funghi** [tal-yoleenee a-ee foonghee] thin, soup noodles with mushrooms
**tagliolini alla panna** [tal-yoleenee] thin,

**tagliolini al salmone** soup noodles with cream
**tagliolini al salmone** [tal-yoleenee al salmonay] thin, soup noodles with salmon
**taleggio** [talej-jo] full-fat, semi-matured, very tasty cheese from North Italy
**tappezziere** decorator; upholsterer
**tariffe nazionali/internazionali** national/international tariffs
**tariffe postali internazionali** international postage rates
**tariffe postali nazionali** national postage rates
**tartine** [—eenay] sandwiches
**tartufo** [—toofo] round ice cream covered in cocoa or chocolate; truffle
**tassa** tax
**tavola calda** snackbar
**T.C.I. (Touring Club Italiano)** Italian touring club
**tè** [tay] tea
**tè con latte** [tay kon lat-tay] tea with milk
**tè con limone** [tay kon leemonay] lemon tea
**telefono** telephone
**telefono a gettoni** telephone requiring phone tokens
**telefono a scatti** telephone which counts time-units used and with which you pay at end of call
**telefono a schede** cardphone
**telegrammi** telegrams
**teleselezione internazionale** international direct dialling system
**teleselezione nazionale** national direct dialling system
**tempo limite accettazione in aeroporto** airport check-in time
**tenere la destra** keep right
**tenere lontano dalla portata dei bambini** keep out of reach of children
**Terlano** [tairlano] dry, white wine from area around Bolzano
**tessuti** textiles
**testina di vitello** [—teena] head of small calf
**timballo di riso alla finanziera** [feenantz-yaira] type of rice pie filled with chicken entrails and crests
**timo** thyme
**tintoria** dry-cleaner
**tiramisù** [teerameesoo] dessert made of coffee-soaked sponge, egg and Marsala cream and cocoa powder
**tirare** pull
**Tocai** [toka-ee] dry, white wine from Veneto and Friuli
**toilette** toilet, rest room
**tomini sott'olio** [sotol-yo] cheese with pepper marinated in oil and herbs
**tonno** tuna
**Torino** Turin
**torrefazione** shop/store selling (roasted) coffee
**torta** tart
**torta (salata)** savo(u)ry flan/tart
**torta ai carciofi** [a-ee karchofee] artichoke flan/tart
**torta al cioccolato** [chok-kolato] chocolate cake
**torta al formaggio** [formaj-jo] cheese flan/tart
**torta di mele** [maylay] apple tart
**torta di noci** [nochee] walnut tart
**torta di ricotta** type of cheesecake
**torta di zucchine** [tzook-keenay] courgette/zucchini flan/tart
**torta gelato** [jelato] ice-cream tart
**torta lorenese** [lorenayzay] quiche lorraine
**torta pasqualina** [paskwaleena] flaky pastry with spinach, cheese, ham and hard-boiled eggs
**torta sbrisulana** [zbreezoolana] typical Milanese dessert of crumbly pastry
**tortelli di Carnevale** [karnevalay] doughnuts with confectioner's custard
**tortellini** small packets of pasta stuffed with pork loin, ham, Parmesan and nutmeg
**tortellini alla panna** 'tortellini' with cream
**tortellini al pomodoro** [—doro] 'tortellini' with tomato sauce
**tortellini al ragù** [ragoo] 'tortellini' with mince/ground beef and tomato sauce
**tortelloni di magro/di ricotta** packets of pasta stuffed with cheese, parsley, chopped vegetables
**tortelloni di zucca** [dee tzook-ka] packets of pasta stuffed with pumpkin
**tortino di asparagi** [asparajee] asparagus pie
**tortino di patate** [patatay] potato pie
**tournedos** [toornay-do] round, thick slice of beef fillet

**tramezzino** sandwich
**trancio di palombo** *[trancho]* smooth hound slice (*type of fish*)
**trancio di pesce spada** *[trancho dee peshay]* swordfish slice
**trans Europ Express** trans-European Express
**trattoria** restaurant (usually cheaper than 'ristorante')
**trenette col pesto** *[trenet-tay]* type of flat spaghetti with crushed basil, garlic, oil, cheese sauce
**treni feriali/festivi** trains on weekdays/holidays
**treno-auto** train which also carries cars
**treno diretto** long-distance train calling at main stations
**treno espresso** long-distance express train
**treno locale** local stopping train
**treno rapido** long-distance express train, supplement payable
**treno straordinario** special train
**triglie** *[treel-yay]* mullet
**trippa** tripe
**trota** trout
**trota affumicata** *[—kata]* smoked trout
**trota al burro** *[boor-ro]* trout cooked in butter
**trota alle mandorle** *[al-lay mandorlay]* trout with almonds
**trota bollita** *[—eeta]* boiled trout

# U

**uccelletti** *[oochelet-tee]* little birds wrapped in bacon on cocktail sticks
**ufficio cambi** bureau de change
**ufficio del turismo** tourist office
**ufficio informazioni** information office
**ufficio postale** post office
**ufficio prenotazioni** reservations
**ufficio prenotazioni passeggeri/merci** reservations office for passengers/goods
**una volta scongelato il prodotto non deve essere ricongelato** do not refreeze once thawed
**unità socio-sanitaria locale** local health unit
**università** university
**un momento prego** *[praygo]* one moment, please
**uomini** men, men's rest rooms
**uova** *[wova]* eggs
**uova affogate** *[wova —gatay]* poached eggs
**uova alla coque** *[wova ... kok]* boiled eggs
**uova alla russa** *[wova ... roos-sa]* hard-boiled eggs with Russian salad
**uova all'occhio di bue** *[wova al ok-yo dee boo-ay]* fried eggs (with yolks whole)
**uova al tegamino con pancetta** *[wova al tay-gameeno kon panchet-ta]* fried eggs and bacon
**uova farcite** *[wova farcheetay]* eggs with tuna, capers and mayonnaise filling
**uova in camicia** *[wova een kameecha]* poached eggs
**uova in cocotte** *[wova een kokot]* eggs cooked in cast-iron pan
**uova sode** *[wova soday]* hard-boiled eggs
**uova strapazzate al formaggio** *[wova —tzatay al formaj-jo]* scrambled eggs with cheese
**uova strapazzate sul crostone** *[wova —tzatay sool —onay]* scrambled eggs on bread sautéd in butter
**uscita** exit; gate
**uscita (per ...)** exit for ...
**uscita automezze** vehicle exit
**uscita di sicurezza** emergency exit
**uscita operai** workers' exit
**uso e dosi** use and dosage
**U.S.S.L. (Unità Socio-Sanitaria Locale)** local health centre/center
**uva** *[oova]* grapes

uva bianca [oova b-yanka] white grapes

uva nera [oova naira] black grapes

# V

**va' a farti friggere!** [freej-jairay] go to hell!
**va' a quel paese!** [kwel pa-ayzay] get lost!
**vaglia** money order
**vaglia internazionale** international money order
**vaglia postale** postal order
**vaglia telegrafico** telegram money order
**valanghe** avalanches
**validità** validity
**valido dal ... al ...** valid from ... till ...
**Valpolicella** [—chel-la] dry, red wine from Veneto region
**valuta** currency
**vedere data sul coperchio/sul retro** see date on lid/back
**vedi foglio illustrativo** see illustrated instructions leaflet
**vellutata al pomodoro** [vel-lootata] cream of tomato soup with fresh cream
**vellutata di asparagi** [vel-lootata dee asparajee] creamed asparagus with egg yolks
**vellutata di piselli** [vel-lootata] creamed peas with egg yolks
**Venezia** Venice
**veneziana** [venetz-yana] type of small 'panettone' covered in sugar
**Verdicchio** dry, white, fruity wine from Rimini
**verdura** [vairdoora] vegetables
**Vermentino** dry wine from Liguria
**vermicelli** [vairmeechel-lee] pasta thinner than spaghetti
**Vernaccia S. Giminiano** [vairnacha san jeemeen-yano] dry, white wine from Tuscany
**vernice fresca** wet paint
**vero cuoio** real leather
**versamenti** deposits
**via aerea** airmail

**viaggiare nella corsia più a destra** drive in the right-hand lane
**viale** avenue
**vicolo cieco** dead end
**vietato ai minori di 14 anni** no admittance to children under 14
**vietato attraversare i binari** do not cross the tracks
**vietato entrare** no entry
**vietato fumare** no smoking
**vietato l'uso dell'ascensore ai minori di anni 12 non accompagnati** unaccompanied children under 12 must not use the lift/elevator
**vietato lanciare oggetti dal finestrino** do not throw objects out of the window
**vietato sporgersi dal finestrino** do not lean out of the window
**vietato sputare** no spitting
**vietato usare la toilette durante le fermate e nelle stazioni** do not use the toilet when the train is stopped or at a station
**Vin Santo** type of dry or sweet wine from Tuscany
**vino** wine
**vino bianco** [b-yanko] white wine
**vino da dessert** [daysair] dessert wine
**vino da pasto** table wine
**vino da tavola** table wine
**vino rosato** rosé wine
**vino rosé** rosé wine
**vino rosso** red wine
**vitaminico** vitamin-enriched
**vitello tonnato** sliced veal in blended tuna, anchovy, oil and lemon sauce
**vol-au-vent ai funghi** [vol-oh-vong a-ee foonghee] mushroom puff pastry
**vol-au-vent alla crema di formaggio** [vol-oh-vong ... formaj-jo] cream cheese puff pastry
**voli nazionali/internazionali** domes-

tic/international flights
**volo** flight

**vongole** *[vongolay]* clams
**vuoto a perdere** no deposit bottle

# Z

**zabaglione, zabaione** *[tzabal-yonay, tzaba-yonay]* cream made from beaten eggs, sugar and Marsala
**zafferano** *[tzaf-fairano]* saffron
**zampone con lenticchie** *[tzamponay kon lenteek-kee-ay]* stuffed pig's trotter with lentils
**zona disco** parking discs only
**zucca** *[tzook-ka]* pumpkin
**zucchero** *[tzookairo]* sugar
**zucchine** *[tzook-keenay]* courgettes, zucchinis
**zucchine al pomodoro** *[tzook-keenay]* chopped courgettes/zucchinis in tomato, garlic and parsley sauce
**zucchine ripiene (di carne)** *[tzook-keenay reep-yaynay dee karnay]* courgettes/zucchinis stuffed with meat

**zuccotto** *[tzook-kot-to]* ice-cream cake with sponge, fresh cream and chocolate
**zuppa** *[tzoop-pa]* soup
**zuppa di cipolle** *[tzoop-pa dee cheepollay]* onion soup
**zuppa di cozze** *[tzoop-pa dee kotzay]* mussel soup
**zuppa di lenticchie** *[tzoop-pa dee lenteekee-ay]* lentil soup
**zuppa di pesce** *[tzoop-pa dee peshay]* fish soup
**zuppa di verdure** *[tzoop-pa dee vairdooray]* vegetable soup
**zuppa inglese** *[tzoop-pa eenglayzay]* trifle
**zuppa pavese** *[tzoop-pa pavayzay]* soup with home-made bread, grated cheese and an egg

# Reference Grammar

## NOUNS

### GENDER
All nouns in Italian are either masculine or feminine in gender. In general all nouns ending in **-o** are masculine and all nouns ending in **-a** are feminine, although there are exceptions. Otherwise the gender of nouns is largely unpredictable.

### PLURALS
The plural of a noun depends on its gender. The general rule is:

|        | sing. | pl. |
|--------|-------|-----|
| m.     | **-o**    | **-i**  |
| f.     | **-a**    | **-e**  |
| m./f.  | **-e**    | **-i**  |

The plural form of a noun will vary also depending on the letter which comes before these endings:

| sing. | pl. |
|-------|-----|
| **-ca, -ga, -co, -go** | **-che, -ghe, -chi, -ghi** |
| **-io** | **-i** |
| **-cia, -gia** | **-ce, -ge** |

Note also:

| sing. | pl. |
|-------|-----|
| **-i, -u** | no change |

For example:

| | | |
|---|---|---|
| il letto | i letti | the bed(s) |
| la lampada | le lampade | the lamp(s) |
| il padre | i padri | the father(s) |
| la barca | le barche | the boat(s) |
| la diga | le dighe | the dyke(s) |
| il parco | i parchi | the park(s) |
| il lago | i laghi | the lake(s) |
| il figlio | i figli | the son(s) |
| l'arancia | le arance | the orange(s) |
| la spiaggia | le spiagge | the beach(es) |
| la crisi | le crisi | the crisis (crises) |
| la gru | le gru | the crane(s) |

Some words have irregular plurals:

| | | |
|---|---|---|
| l'uomo | gli uomini | the man (men) |
| la eco | gli echi | the echo(es) |

Note also the following noun endings **-ino** and **-one** which are commonly used in Italian:

**un ragazzino**  a small boy
**un librone**  a big book

# ARTICLES

## THE DEFINITE ARTICLE (THE)

The form of the definite article depends on whether the noun is masculine or feminine, singular or plural. It also depends on the first letter of the noun. The rule is:

|   | sing. | pl. |   |
|---|---|---|---|
| m. | il | i | followed by consonant |
|   | lo | gli | followed by vowel, s + consonant, gn, pn, ps and z |
| f. | la | le |   |

**lo, la, le** may drop the vowel and take an apostrophe when followed by a vowel.

| il ristorante | i ristoranti | the restaurant(s) |
| lo gnomo | gli gnomi | the gnome(s) |
| la banana | le banane | the banana(s) |
| l'albero | gli alberi | the tree(s) |
| l'altalena | le altalene | the swing(s) |

The definite article changes its form when combined with the following prepositions:

|   | il | lo | la | i | gli | le |
|---|---|---|---|---|---|---|
| a | al | allo | alla | ai | agli | alle |
| di | del | dello | della | dei | degli | delle |
| da | dal | dallo | dalla | dai | dagli | dalle |
| su | sul | sullo | sulla | sui | sugli | sulle |
| con | col | collo | colla | coi | cogli | colle |

For example:

**vado al ristorante** — I'm going to the restaurant
**la portiera della macchina** — the car door
**abita dallo zio** — she lives with her uncle
**sulle scale** — on the stairs
**colla donna** — with the lady

Unlike English, Italian doesn't omit the article in generalizations:

**la vita non è sempre facile** — life isn't always easy

Note that **del, dello, della** may be used to translate 'some' in the singular:

**vuoi del formaggio?** — would you like some cheese?
**vorrei dello zucchero** — I would like some sugar

## THE INDEFINITE ARTICLE
This also varies according to whether the noun is masculine or feminine, singular or plural:

|     | sing. | pl.   |                                                         |
| --- | ----- | ----- | ------------------------------------------------------- |
| m.  | un    | dei   |                                                         |
|     | uno   | degli | followed by vowel, s + consonant, gn, pn, ps and z      |
| f.  | una   | delle |                                                         |

**una** becomes **un'** when followed by a vowel.

| un bambino   | dei bambini    | a child (children or some children) |
| ------------ | -------------- | ----------------------------------- |
| una macchina | delle macchine | a car (cars or some cars)           |
| uno scampo   | degli scampi   | a prawn (prawns or some prawns)     |
| un'altalena  | delle altalene | a swing (swings or some swings)     |

# Adjectives

## ADJECTIVES

There is no general rule in Italian as far as the position of the adjective is concerned. Often it is more a question of style rather than of grammar.

Italian adjectives change their form according to whether the noun is masculine or feminine, singular or plural. Plurals are formed according to the rules which apply to nouns.

For example:

|       |        |        |
|-------|--------|--------|
| m.    | **nuovo**  | **nuovi**  |
| f.    | **nuova**  | **nuove**  |
| m./f. | **felice** | **felici** |

Note that when an adjective refers simultaneously to several nouns with different genders, the adjective will generally be masculine plural. For example:

**la coperta ed il tappeto erano rossi**      the blanket and the carpet were red

Some adjectives do not change in the plural:

| | |
|---|---|
| **una sciarpa blu** | a blue scarf |
| **gli occhi blu** | blue eyes |
| **un tramonto viola** | a purple sunset |
| **le calze viola** | purple tights |

Note also this very frequently used adjective ending:

| | |
|---|---|
| **questo va benissimo** | that's very good |
| **bravissimo!** | excellent, very good |
| **è lontanissimo** | it's very far |

# Adjectives

## COMPARATIVES (BIGGER, BETTER etc)
Comparatives are formed by placing **più** in front of the adjective:

| **simpatico** | **più simpatico** | nicer |

To say that something is 'more ... than ...' use **più ... di ...**:

**la mia macchina è più cara della tua**
my car is more expensive than yours

To say that something is 'as ... as ...' use **(tanto) ... quanto ...**:

**Maria è tanto simpatica quanto Daniela**
Maria is as nice as Daniela

## SUPERLATIVES (BIGGEST, BEST etc)
Superlatives are formed by placing **il** or **la più** in front of the adjective:

| **simpatico** | **più simpatico** | **il più simpatico** |
| nice | nicer | the nicest |

Note that 'in' following a superlative in English is expressed by **di** in Italian:

**la boutique più cara della città**
the most expensive boutique in town

A few adjectives have irregular comparatives and superlatives:

| **buono** good | **migliore** better | **il migliore** the best |
| **cattivo** bad | **peggiore** worse | **il peggiore** the worst |

# Adjectives

## POSSESSIVE ADJECTIVES

As with other adjectives, their form depends on the gender and number of the noun they refer to. The possessive adjectives are:

|  | m. sing. | f. sing. | m. pl. | f. pl. |
| --- | --- | --- | --- | --- |
| my | **il mio** | **la mia** | **i miei** | **le mie** |
| your (sing. familiar) | **il tuo** | **la tua** | **i tuoi** | **le tue** |
| your (sing. polite) | **il suo** | **la sua** | **i suoi** | **le sue** |
| his/her/its | **il suo** | **la sua** | **i suoi** | **le sue** |
| our | **il nostro** | **la nostra** | **i nostri** | **le nostre** |
| your (pl. familiar, sing. and pl. formal) | **il vostro** | **la vostra** | **i vostri** | **le vostre** |
| their | **il loro** | **la loro** | **i loro** | **le loro** |

For example:

| | |
| --- | --- |
| **il suo cappotto** | his/her coat *or* your coat |
| **la mia amica** | my friend |
| **la loro macchina** | their car |

Note that Italian uses the definite article before possessive adjectives. The only exception to this is words referring to family relations, for example:

| | |
| --- | --- |
| **mio padre** | my father |
| **mia sorella** | my sister |

## PRONOUNS

### PERSONAL PRONOUNS

| subject | | direct object | | indirect object | |
|---|---|---|---|---|---|
| **io** | I | **me/mi** me | | **mi** | (to) me |
| **tu** | you (sing. familiar) | **te/ti** | you | **ti** | (to) you |
| **lei** | you (sing. polite) | **lei/la** | you | **le** | (to) you |
| **lui** | he | **lui/lo** | him | **gli** | (to) him |
| **lei** | she | **lei/la** | her | **le** | (to) her |
| **noi** | we | **noi/ci** | us | **ci** | (to) us |
| **voi** | you (pl. familiar, sing. and pl. formal) | **voi/vi** | you | **vi** | (to) you |
| **loro** | they | **loro/li** them | | **loro** | (to) them |

The forms **lo** and **la** and **gli** and **le** can mean 'it' or '(to) it' as well as 'him/her' or '(to) him/her'.

It is important to note that, unlike in English, Italian will often OMIT the personal pronouns when they are the subject of a sentence. Normally they are used here for emphasis:

| **dov'è?** | where is he/she/it? |
| **non posso** | I can't |
| **non voglio andarci** | I don't want to go there |
| **anch'io ne voglio uno** | *I* want one too |

Personal pronouns are usually placed before the verb:

| **gli ho offerto un gelato** | I bought him an ice cream |
| **li ho visti arrivare** | I saw them coming |

However, when they are used with a command, the object pronouns often become part of the verb itself:

| **aspettami!** | wait for me! |
| **dimmi!** | tell me! |
| **aiutateci!** | help us! |

**Pronouns**

Note that **mi, ti, ci** and **vi** become **me, te, ce** and **ve** when followed by **a, lo, la, li**:

| | |
|---|---|
| **me l'ha mostrato** | he showed it to me |

**Gli** becomes **glie-** and then **glielo, gliela, glieli**:

| | |
|---|---|
| **glielo ho dato** | I gave it to him |
| **glieli ho portati io** | I brought them to him |

Note that of the two direct object forms given, the first is used for emphasis, for example:

| | |
|---|---|
| **ho visto te** | it was you that I saw |
| **ti ho visto** | I saw you |

The first form is also used after prepositions, for example:

| | |
|---|---|
| **per me** | for me |
| **senza di loro** | without them |

YOU

There are three ways of expressing 'you' in Italian. They are:

| | |
|---|---|
| **tu** | used to address friends, relatives, and children. The plural of **tu** is **voi**. |
| **lei** (or **Lei**) | used to address people the speaker does not know well. It is used with the third person singular of the verb. The plural of **lei** is **loro**. |
| **voi** | The plural of **tu**. Also, and slightly more old-fashioned, this is a plural form used to address a person the speaker doesn't know well. It is used with the second person plural of the verb. (Note that this can also be used as a polite form for both singular and plural). |

For example:

| | |
|---|---|
| **e tu cos'hai risposto?** | and what was your answer? |
| **lei è di qui?** | are you from here? |
| **nella lettera, Vi riferite ...** | in your letter, you refer ... |

## REFLEXIVE PRONOUNS (MYSELF, YOURSELF etc)
Reflexive pronouns are those in which the object is the same as the subject, e.g. I wash (myself). The verb is made reflexive by using it with one of the following pronouns:

| | |
|---|---|
| **mi** | myself |
| **ti** | yourself |
| **si** | himself/herself/yourself (polite) |
| **ci** | ourselves |
| **vi** | yourselves |
| **si** | themselves/yourselves (polite) |

Italian uses many more verbs reflexively than English:

| | |
|---|---|
| **mi lavo tutti i giorni** | I wash (myself) every day |
| **si rade ogni mattina** | he shaves every morning |
| **si annoiava a morte** | he was bored to death |
| **si chiama Roberto** | his name is Roberto |
| **si sta vestendo** | she is getting dressed |

## POSSESSIVE PRONOUNS (MINE, YOURS etc)
The forms of the possessive pronouns are exactly the same as the possessive adjectives (see page 108). Like the possessive adjectives, possessive pronouns agree in gender and number with the object possessed:

| | |
|---|---|
| **non è la tua borsetta, è la mia** | it's not your handbag, it's mine |
| **non è il vostro, è il nostro** | it's not yours, it's ours |

**Verbs**

## VERBS

In Italian verbs are divided into three groups:

| | | |
|---|---|---|
| those ending in **-are** | e.g. **amare** | to love |
| those ending in **-ere** | e.g. **vendere** | to sell |
| those ending in **-ire** | e.g. **partire** | to leave |

## THE PRESENT TENSE

To form the present tense, take off the **-are, -ere, -ire** ending and add the present tense endings. (Note also the comments on the use of personal pronouns, see page 109).

| amare | |
|---|---|
| **io am-o** | I love |
| **tu am-i** | you love (sing. familiar) |
| **lui/lei am-a** | he/she/it loves |
| **lei am-a** | you love (sing. polite) |
| **noi am-iamo** | we love |
| **voi am-ate** | you love (pl. familiar, sing. and pl. polite) |
| **loro am-ano** | you love (pl. polite) |
| **loro am-ano** | they love |
| vendere | |
| **io vend-o** | I sell |
| **tu vend-i** | you sell (sing. familiar) |
| **lui/lei vend-e** | he/she/it sells |
| **lei vend-e** | you sell (sing. polite) |
| **noi vend-iamo** | we sell |
| **voi vend-ete** | you sell (pl. familiar, sing. and pl. polite) |
| **loro vend-ono** | you sell (pl. polite) |
| **loro vend-ono** | they sell |
| partire | |
| **io part-o** | I leave |
| **tu part-i** | you leave (sing. familiar) |
| **lui/lei part-e** | he/she/it leaves |
| **lei part-e** | you leave (sing. polite) |
| **noi part-iamo** | we leave |
| **voi part-ite** | you leave (pl. familiar, sing. and pl. polite) |
| **loro part-ono** | you leave (pl. polite) |
| **loro part-ono** | they leave |

**Verbs**

Some common verbs are irregular:

**essere** (to be)
io sono
tu sei
lui/lei è
lei è
noi siamo
voi siete
loro sono

**avere** (to have)
io ho
tu hai
lui/lei ha
lei ha
noi abbiamo
voi avete
loro hanno

**andare** (to go)
io vado
tu vai
lui/lei va
lei va
noi andiamo
voi andate
loro vanno

**fare** (to make/do)
io faccio
tu fai
lui/lei fa
lei fa
noi facciamo
voi fate
loro fanno

# Verbs

THE PAST TENSE

Two past tenses are in common use:

The IMPERFECT TENSE is used to express an action which was repeated over a period of time (like the meaning of 'used to' in English), or an action taking place in the past over a longer period of time (like the meaning of 'was ...ing').

The forms of the imperfect are:

| amare | vendere | partire |
| --- | --- | --- |
| io am-avo | io vend-evo | io part-ivo |
| tu am-avi | tu vend-evi | tu part-ivi |
| lui/lei am-ava | lui/lei vend-eva | lui/lei part-iva |
| lei am-ava | lei vend-eva | lei part-iva |
| noi am-avamo | noi vend-evamo | noi part-ivamo |
| voi am-avate | voi vend-evate | voi part-ivate |
| loro am-avano | loro vend-evano | loro part-ivano |

For example:

**quando lavoravo, mi dovevo alzare presto**
when I used to work, I had to get up early

**mentre dormivo è suonato il telefono**
while I was sleeping, the phone rang

The verb 'to be', among many others, has an irregular imperfect tense:
**io ero
tu eri
lui/lei era
lei era
noi eravamo
voi eravate
loro erano**

The PERFECT TENSE is used to express a completed action in the past or an action which began in the past and which extends up to the present. It is formed by using the present tense of the verb **avere** or **essere** and the past participle of the verb:

| | | | |
|---|---|---|---|
| **amare** | to love | **amato** | loved |
| **vendere** | to sell | **venduto** | sold |
| **partire** | to leave | **partito** | left |

For example:

| | |
|---|---|
| **lo hanno venduto ieri** | they sold it yesterday |
| **è partito stamattina** | he left this morning |
| **lo ha sempre amato** | she's always loved him |
| **sono andato a Roma ieri** | I went to Rome yesterday |
| **sono stato a Roma tre volte** | I've been to Rome three times |

A few verbs have irregular past participles:

| | | |
|---|---|---|
| **aprire** | to open | **aperto** |
| **bere** | to drink | **bevuto** |
| **chiudere** | to close | **chiuso** |
| **comprendere** | to include | **compreso** |
| **correre** | to run | **corso** |
| **dire** | to say | **detto** |
| **essere** | to be | **stato** |
| **evadere** | to escape | **evaso** |
| **fare** | to do/make | **fatto** |
| **leggere** | to read | **letto** |
| **mettere** | to put | **messo** |
| **morire** | to die | **morto** |
| **nascere** | to be born | **nato** |
| **offrire** | to offer | **offerto** |
| **perdere** | to lose/waste | **perso** (*or* **perduto**) |
| prendere | to take | **preso** |
| **ridere** | to laugh | **riso** |
| **scrivere** | to write | **scritto** |
| **soffrire** | to suffer | **sofferto** |
| **spingere** | to push | **spinto** |
| **togliere** | to take off/remove | **tolto** |
| **vedere** | to see | **visto** (*or* **veduto**) |
| venire | to come | **venuto** |
| **vivere** | to live | **vissuto** |

# Verbs

Note that compounds of these words also have the same forms, for example **avvenire** (to happen) and **pervenire** (to arrive) take the same forms as **venire**.

As a general rule, transitive verbs (i.e. verbs which take a direct object) form the PERFECT TENSE with the verb **avere**, while intransitive verbs (i.e. verbs which do not take a direct object, e.g. verbs of motion) form the PERFECT TENSE with the verb **essere**. The most common verbs which form their perfect with **essere** are:

| | | |
|---|---|---|
| **andare** | to go | **sono andato** |
| **arrivare** | to arrive | **sono arrivato** |
| **cadere** | to fall | **sono caduto** |
| **entrare** | to go in | **sono entrato** |
| **nascere** | to be born | **sono nato** |
| **partire** | to leave | **sono partito** |
| **passare** | to pass | **sono passato** |
| **rimanere** | to stay | **sono rimasto** |
| **ritornare** | to return | **sono ritornato** |
| **salire** | to go up | **sono salito** |
| **scendere** | to go down | **sono sceso** |
| **scivolare** | to slip | **sono scivolato** |
| **venire** | to come | **sono venuto** |

## THE FUTURE TENSE

The future tense is formed by adding the following endings to the **-are, -ere, -ire** forms (note that the vowel **a** of the first group becomes **e**):

| amare | vendere | partire |
|---|---|---|
| **io am-erò** | **io vend-erò** | **io part-irò** |
| **tu am-erai** | **tu vend-erai** | **tu part-irai** |
| **lui/lei am-erà** | **lui/lei vend-erà** | **lui/lei part-irà** |
| **lei am-erà** | **lei vend-erà** | **lei part-irà** |
| **noi am-eremo** | **noi vend-eremo** | **noi part-iremo** |
| **voi am-erete** | **voi vend-erete** | **voi part-irete** |
| **loro am-eranno** | **loro vend-eranno** | **loro part-iranno** |

A few verbs add these endings to a modified form of the verb:

| | | |
|---|---|---|
| **avere** | **avrò** | I will have |
| **cadere** | **cadrò** | I will fall |
| **dovere** | **dovrò** | I will have to |
| **essere** | **sarò** | I will be |
| **potere** | **potrò** | I will be able to |

Note: Italian often expresses the future by using the present tense:

    **torno domani**                       I'll come back tomorrow

## MAKING THE VERB NEGATIVE
Verbs are made negative in Italian by putting **non** before the verb:

**io non bevo caffè**  I don't drink coffee
**non ha voluto venire con noi**  he didn't want to come with us

## THE IMPERATIVE (GIVING COMMANDS)
The forms used to people addressed as **tu** are:

**am-a**  **vend-i**  **part-i**

For people addressed as **lei** the forms are:

**am-i**  **vend-a**  **part-a**

For people addressed as **voi** the forms are:

**am-ate**  **vend-ete**  **part-ite**

For example:

**lava i piatti!**  wash the dishes!
**leggete il cartello!**  read the sign!

The negative form of the imperative used for people addressed as **tu** is **non** + infinitive. For people addressed as **voi** it is **non** + simple present:

**non andare!**  don't go!
**non sbattete la porta!**  don't slam the door!

## QUESTIONS
In order to ask questions Italian depends almost entirely on intonation in the spoken language and on the question mark in the written language. Nor is there a fixed order for the words. For example:

**viene Maria?**  is Maria coming?
**hai visto Davide?**  did you see David?
**anche tu hai fame?**  are you hungry too?

## TELLING THE TIME

| | |
|---|---|
| what time is it? | che ore sono? *[kay oray sono]* |
| it is ... | sono le ... *[lay]* |
| it's one o'clock | è l'una *[ay loona]* |
| it's seven o'clock | sono le sette *[lay set-tay]* |
| one a.m. | l'una di notte *[loona dee not-tay]* |
| seven a.m. | le sette del mattino *[lay set-tay]* |
| two p.m. | le due del pomeriggio *[doo-ay del pomaireej-jo]* |
| seven p.m. | le sette di sera *[saira]* |
| midday | mezzogiorno *[metzojorno]* |
| midnight | mezzanotte *[metzanot-tay]* |
| five past eight | le otto e cinque *[lay ot-to ay cheenkway]* |
| five to eight | le otto meno cinque *[mayno cheenkway]* |
| half past ten | le dieci e mezza *[lay d-yaychee ay metza]* |
| quarter past eleven | le undici e un quarto *[lay oondeechee ay oon]* |
| quarter to eleven | le undici meno un quarto *[mayno]* |

# CONVERSION TABLES

## 1. LENGTH

**centimetres, centimeters**
1 cm = 0.39 inches

**metres, meters**
1 m = 100 cm = 1000 mm
1 m = 39.37 inches = 1.09 yards

**kilometres, kilometers**
1 km = 1000 m
1 km = 0.62 miles = 5/8 mile

| km | 1 | 2 | 3 | 4 | 5 | 10 | 20 | 30 | 40 | 50 | 100 |
|---|---|---|---|---|---|---|---|---|---|---|---|
| miles | 0.6 | 1.2 | 1.9 | 2.5 | 3.1 | 6.2 | 12.4 | 18.6 | 24.9 | 31.1 | 62.1 |

**inches**
1 inch = 2.54 cm

**feet**
1 foot = 30.48 cm

**yards**
1 yard = 0.91 m

**miles**
1 mile = 1.61 km = 8/5 km

| miles | 1 | 2 | 3 | 4 | 5 | 10 | 20 | 30 | 40 | 50 | 100 |
|---|---|---|---|---|---|---|---|---|---|---|---|
| km | 1.6 | 3.2 | 4.8 | 6.4 | 8.0 | 16.1 | 32.2 | 48.3 | 64.4 | 80.5 | 161 |

## 2. WEIGHT

**gram(me)s**
1 g = 0.035 oz

| g | 100 | 250 | 500 |
|---|---|---|---|
| oz | 3.5 | 8.75 | 17.5 = 1.1 lb |

# Conversion Tables

## kilos

1 kg = 1000 g
1 kg = 2.20 lb = 11/5 lb

| kg | 0.5 | 1 | 1.5 | 2 | 3 | 4 | 5 | 6 | 7 | 8 | 9 | 10 |
|---|---|---|---|---|---|---|---|---|---|---|---|---|
| lb | 1.1 | 2.2 | 3.3 | 4.4 | 6.6 | 8.8 | 11.0 | 13.2 | 15.4 | 17.6 | 19.8 | 22 |

| kg | 20 | 30 | 40 | 50 | 60 | 70 | 80 | 90 | 100 |
|---|---|---|---|---|---|---|---|---|---|
| lb | 44 | 66 | 88 | 110 | 132 | 154 | 176 | 198 | 220 |

## tons

1 UK ton = 1018 kg
1 US ton = 909 kg

## tonnes

1 tonne = 1000 kg
1 tonne = 0.98 UK tons = 1.10 US tons

## ounces

1 oz = 28.35 g

## pounds

1 pound = 0.45 kg = 5/11 kg

| lb | 1 | 1.5 | 2 | 3 | 4 | 5 | 6 | 7 | 8 | 9 | 10 | 20 |
|---|---|---|---|---|---|---|---|---|---|---|---|---|
| kg | 0.5 | 0.7 | 0.9 | 1.4 | 1.8 | 2.3 | 2.7 | 3.2 | 3.6 | 4.1 | 4.5 | 9.1 |

## stones

1 stone = 6.35 kg

| stones | 1 | 2 | 3 | 7 | 8 | 9 | 10 | 11 | 12 | 13 | 14 | 15 |
|---|---|---|---|---|---|---|---|---|---|---|---|---|
| kg | 6.3 | 12.7 | 19 | 44 | 51 | 57 | 63 | 70 | 76 | 83 | 89 | 95 |

## hundredweights

1 UK hundredweight = 50.8 kg
1 US hundredweight = 45.36 kg

## 3. CAPACITY

### litres, liters

1 l = 7.6 UK pints = 2.13 US pints
½ l = 500 cl
¼ l = 250 cl

# Conversion Tables

**pints**
1 UK pint = 0.57 l
1 US pint = 0.47 l

**quarts**
1 UK quart = 1.14 l
1 US quart = 0.95 l

**gallons**
1 UK gallon = 4.55 l
1 US gallon = 3.79 l

## 4. TEMPERATURE

**centigrade/Celsius**
$C = (F - 32) \times 5/9$

| C | −5 | 0 | 5 | 10 | 15 | 18 | 20 | 25 | 30 | 37 | 38 |
|---|---|---|---|---|---|---|---|---|---|---|---|
| F | 23 | 32 | 41 | 50 | 59 | 64 | 68 | 77 | 86 | 98.4 | 100.4 |

**Fahrenheit**
$F = (C \times 9/5) + 32$

| F | 23 | 32 | 40 | 50 | 60 | 65 | 70 | 80 | 85 | 98.4 | 101 |
|---|---|---|---|---|---|---|---|---|---|---|---|
| C | −5 | 0 | 4 | 10 | 16 | 20 | 21 | 27 | 30 | 37 | 38.3 |

# Numbers

## NUMBERS

0 nul *[nool]*
1 uno *[**oo**no]*
2 due *[d**oo**-ay]*
3 tre *[tray]*
4 quattro *[kw**a**t-tro]*
5 cinque *[ch**ee**nkway]*
6 sei *[say]*
7 sette *[set-tay]*
8 otto *[**o**t-to]*
9 nove *[n**o**vay]*
10 dieci *[d-y**ay**chee]*
11 undici *[**oo**ndeechee]*
12 dodici *[d**o**deechee]*
13 tredici *[tr**ay**deechee]*
14 quattordici *[kwat-t**o**rdeechee]*
15 quindici *[kw**ee**ndeechee]*
16 sedici *[s**ay**deechee]*
17 diciassette *[deechaset-tay]*
18 diciotto *[deech**o**t-to]*
19 diciannove *[deechan**o**vay]*
20 venti *[v**e**ntee]*
21 ventuno *[vent**oo**no]*
22 ventidue *[—d**oo**-ay]*
23 ventitre *[—tray]*
etc
30 trenta
40 quaranta *[kwar**a**nta]*
50 cinquanta *[cheenkw**a**nta]*
60 sessanta
70 settanta
80 ottanta
90 novanta
91 novantuno *[—**oo**no]*
92 novantadue *[—d**oo**-ay]*
etc
100 cento *[ch**e**nto]*
101 centuno *[chent**oo**no]*
200 duecento *[doo-ay**ch**ento]*
201 duecentuno *[doo-aychent**oo**no]*
1000 mille *[m**ee**l-lay]*
1987 millenovecentottantasette *[m**ee**l-laynovaychentot-tantaset-tay]*

2000 duemila *[doo-aym**ee**la]*

1st primo *[pr**ee**mo]*
2nd secondo *[sec**o**ndo]*
3rd terzo *[t**ai**rtzo]*
4th quarto *[kw**a**rto]*
5th quinto *[kw**ee**nto]*
6th sesto
7th settimo *[s**e**t-teemo]*
8th ottavo *[ot-t**a**vo]*
9th nono
10th decimo *[d**ay**cheemo]*